دراسات في
تطوير التعليم الجامعي
على ضوء التحديات المعاصرة

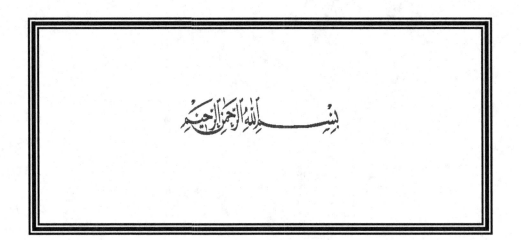

بسم الله الرحمن الرحيم

دراسات في
تطوير التعليم الجامعي
على ضوء التحديات المعاصرة


الدكتور
فتحي درويش عشيبة
كلية التربية بدمنهور – جامعة الإسكندرية

الأكاديمية الحديثة للكتاب الجامعي

الروابط العالمية للنشر والتوزيع

حقوق الطبع محفوظة


الطبعة الأولى
٢٠٠٩م

| | |
|---|---|
| رقـــــم الإيـــــداع | ٢٠٠٨ / ٩٩١٨ |
| الترقـــــيم الـــــدولي | ٧ - ٣٦ - ٦١٤٩ - ٩٧٧ |

**الناشر**

**الأكاديمية الحديثة للكتاب الجامعى**

**٨٢ شارع وادى النيل ، المهندسين ، القاهرة ، مصر**

**تلفاكس: ٥٦١ ٣٣٠٣٤ ( ٠٠٢٠٢ ) محمول ٤٥٩٣ ١٧٣ ٠١٢**

**البريد الاليكترونى** E-mail: J_hindi@hotmail.com

**الروابط العالمية للنشر والتوزيع**

**٨٢ شارع وادى النيل ، المهندسين ، القاهرة ، مصر**

**تلفاكس: ٥٦١ ٣٣٠٣٤ ( ٠٠٢٠٢ ) محمول ٤٥٩٣ ١٧٣ ٠١٢**

**البريد الاليكترونى** E-mail: J_hindi@hotmail.com

## مقدمة

الحمد لله رب العالمين ، والصلاة والسلام على سيدنا محمد أشرف المرسلين ، وعلى آله وصحبة أجمعين وبعد ,,,

يشمل هذا الكتاب ثلاث دراسات في التعليم الجامعي :

الأولى - تتناول موضوع الجودة الشاملة وإمكانية تطبيقها في التعليم الجامعي.

والثانية - اهتمت بقضية الجامعة المنتجة كبديل لخصخصة التعليم الجامعي.

والثالثة - درست موضوع أدوار الإدارة الجامعية على ضوء التحديات المعاصرة.

وعلى الرغم من أنه قد يبدو لأول وهلة أن الثلاث دراسات لا علاقة بينها إلا أن الواقع غير ذلك، فموضوع الدراسة الأولى وهو الجودة الشاملة يمثل اتجاهاً إدارياً حديثاً ارتبط بالتغيرات المعاصرة لاسيما التغيرات المعرفية والاقتصادية ، ويهدف إلى رفع مستوى أداء المؤسسات التعليمية.

وكذلك موضوع الدراسة الثانية وهو الجامعة المنتجة يعد اتجاهاً تعليمياً وإدارياً متطوراً ارتبط أيضاً بالتغيرات المعاصرة لاسيما التغيرات الاقتصادية والسياسية ، واستهدف تطوير أداء الجامعات الحكومية من خلال تحويلها إلى جامعات منتجة تسهم في مواجهة الآثار السلبية المترتبة على خصخصة التعليم الجامعي .

أما موضوع الدراسة الثالثة وهو أدوار الإدارة الجامعية ، فالهدف منه تحديد الأدوار التي يتعين أن تتطلع بها الإدارة الجامعية على ضوء التحديات المعاصرة ، بغرض تطوير أدوار الإدارة الجامعية ، ومن ثم تحسين الأداء الجامعي .

وعلى ذلك يتضح أن الدراسات الثلاثة تمثل قضايا أفرزتها التحديات المعاصرة ، وأنها تستهدف في جملتها الإسهام في رفع مستوي الأداء الجامعي ، والتغلب على مشكلاته .

وعلى اللـه قصد السبيل ،،،

المؤلف

الدراسة الأولى
الجودة الشاملة
وإمكانية تطبيقها في التعليم الجامعي

## مقدمة

يمثل التعليم الجامعي أحد المراحل التعليمية المتميزة في أي مجتمع، وكذلك يمثل الاهتمام بالتعليم الجامعي أحد المظاهر المهمة للنهضة الحضارية، باعتبار أن هذا النوع من التعليم يضطلع بمجموعة من الأدوار المهمة، والتي يمكن إجمالها في ثلاثة مجالات رئيسية وهي :

نقل المعرفة من خلال التدريس، وإنتاج المعرفة من خلال الدراسة العلمية، وخدمة المجتمع والبيئة.

وعلى الرغم من أن الجامعة قد تعرضت في كثير من المجتمعات لمحاولات إصلاح وتطوير تناولت معظم جوانبها؛ وذلك للعمل على تحسين أدائها لوظائفها وربطها بمجتمعها، إلا أن هناك العديد من المؤشرات[1] التي توضح قصور الجامعة في القيام بمسئولياتها.

هذا، بالإضافة إلى أن التغيرات المجتمعية التي حدثت في معظم المجتمعات سواء

---

(١) لمزيد من المعلومات عن هذه المؤشرات ... انظر :

- سعيد إسماعيل علي، الانفجار الطلابي في الجامعات المصرية، جريدة الأهرام المصرية، القاهرة، ١٩٩٧/١١/١٧م، ص ١٨.
- عبد الفتاح إبراهيم تركي ، " مستقبل الجامعات العربية بين قصور واقعها وتحديات الثورة العلمية : جدل البنى والوظائف "، بحث منشور في مؤتمر التعليم العالي في الوطن العربي : آفاق مستقبلية ، في الفترة من ٨ - ١٠ يوليو ١٩٩٠م ، كلية التربية ، جامعة عين شمس ، القاهرة، ١٩٩٠م ، المجلد الأول ، ص ١٢٤ .
- محمود مصطفى الشال ، " تطوير التعليم الجامعي في ضوء التغيرات المجتمعية : دراسة تحليلية " ، رسالة دكتوراه غير منشورة ، كلية التربية ، جامعة الإسكندرية ، ١٩٩٤م ، ص ص ٤٢ - ٥٣ .
- على أحمد مدكور ، " التعليم العربي في عصر العولمة والكوكبة "، بحث منشور في مؤتمر اتجاهات التربية وتحديات المستقبل، في الفترة من ٧ -١٠ ديسمبر ١٩٩٧م، كلية التربية والعلوم الإسلامية، جامعة السلطان قابوس، ص ١٥.
- حلمي نمر، معوقات كفاءة الأداء في التعليم الجامعي، جريدة الأهرام المصرية، مرجع سبق ذكره ، ١٩٩٧/١١/١٠م، ص ١٧.
- نادر فرجاني ، " التعليم العالي والتنمية في البلدان العربية " ، مجلة المستقبل العربي، مركز دراسات الوحدة العربية، بيروت ، العدد ٢٣٧ ، نوفمبر ١٩٩٨م ، ص ص ٢٩٤ - ٣٥٢.

في الجوانب السياسية، وما يتعلق منها بحقوق المواطن وواجباته وحرية التعبير عن رأيه، أو في الجوانب الاجتماعية، وما يتعلق منها بالقيم والاتجاهات، أو في الجوانب الاقتصادية وما يرتبط منها باقتصاديات السوق والتكتلات الاقتصادية والعولمة وفرص العمل، أو في الجوانب الثقافية وما يرتبط منها بالثقافات الوافدة، وكيفية التعامل معها بما يتفق مع قيم المجتمع وتقاليده؛ كل هذه التغيرات، فضلا عن جوانب القصور التي تعاني منها الجامعة، أدت إلى وجود العديد من الآراء[1] التي نادت بضرورة تطوير الجامعة، للتغلب على ما تواجهه من مشكلات، وللعمل على مواكبة التغيرات السابقة.

وقد تبنت هذه الآراء أكثر من رؤية لتطوير التعليم الجامعي، فهناك من نادى بضرورة فتح مؤسسات جامعية أخرى تختلف في مناهجها وتخصصاتها عن المؤسسات الموجودة مثل الجامعات المفتوحة، وإن كان الواقع يشير إلى أن نظام التعليم المفتوح لا يختلف في كثير من تخصصاته ومناهجه عن التعليم العادي، فضلا عما أثير بشأن هذا التعليم من قضايا عديدة تؤثر على تكافؤ الفرص التعليمية وغيرها من المفاهيم الأخرى.

وهناك من أكد على ضرورة تطبيق فلسفات ومفاهيم حديثة في مجال التعليم

---

(١) انظر ... على سبيل المثال :

- على أحمد مدكور ، مرجع سبق ذكره ، ص ٤٤.
- عبدالفتاح إبراهيم تركي ، مرجع سبق ذكره ، ص ١٥٧ .
- حلمي نمر، المبادئ الحاكمة في تطوير التعليم الجامعي، جريدة الأهرام المصرية، مرجع سبق ذكره، ١٩٩٧/١١/٣م، ص١٦
- الدسوقي عمار،معوقات وسبل تطوير التعليم الجامعي،جريدة الأهرام المصرية،مرجع سبق ذكره، ١٩٩٧/١١/١٧م، ص١٨
- سهير علي الجيار ، " التعليم الجامعي والشخصية المصرية في ضوء تحديات المستقبل " ، بحث منشور في مؤتمر التعليم العالي في الوطن العربي : آفاق مستقبلية ، مرجع سبق ذكره ، ص ص ٨٦، ٨٧ .
- نادر فرجاني ، مرجع سبق ذكره ، ص ص ١٠٢ ، ١٠٣ .

الجامعي، على أساس أن تطبيق تلك الفلسفات والمفاهيم سوف يسهم في تطوير وتحسين الصورة التقليدية للجامعة، وكان من أبرز تلك المفاهيم التي طرحت مفهوم " الجودة الشاملة " Total quality " باعتبار أنها تعنى مجموعة من المعايير والاجراءات التي يهدف تنفيذها والأخذ بها إلى التحسين المستمر في المنتج التعليمي، مع مراعاة أن هذه الإجراءات لا تقتصر على فرد دون آخر في المؤسسة، ولا على وظيفة دون أخرى، وإنما تشمل كل العناصر المادية والبشرية بالمؤسسة(١). وعلى الرغم من تأكيد البعض(٢) على ضرورة تبنى هذه الصيغة وتطبيقها في التعليم الجامعي، وعلى الرغم من أن " الجودة الشاملة " تم تطبيقها بنجاح في العديد من مؤسسات التعليم الجامعي في المجتمعات الأخرى، إلا أنه يمكن القول بأن تطبيق مثل تلك الصيغة في التعليم الجامعي المصري قد يختلف في كثير من إجراءاته ونتائجه عن المجتمعات الأخرى، وقد لا يحقق نجاحا بنفس الشكل الذي حدث في هذه المجتمعات، ويتفق هذا مع ما أثاره كل من " رالف ودوجلاس Ralph and Doglass "(٣) عن الجامعات الأمريكية قبل الأخذ بمبادئ الجودة الشاملة، حيث طرحت الجامعات عدة تساؤلات تمثلت في: هل مدخل الجودة الشاملة قابل للتطبيق في البيئة الفريدة للتعليم الجامعي؟ وإذا كان قابلا للتطبيق،

---

(١) حرفوش مدني ، التوجه نحو إدارة الجودة الشاملة كمدخل للاصلاح الإداري ، القاهرة ، ١٩٩٦م ، ص ٥٥ .

(٢) انظر ... على سبيل المثال :

- فريد راغب النجار ، " إدارة الجودة الشاملة للجامعات : رؤية التنمية المتواصلة " ، بحث منشور في مؤتمر إدارة الجودة الشاملة في تطوير التعليم الجامعي، في الفترة من ١١ -١٢ مايو ١٩٩٧م، كلية التجارة ببنها، جامعة الزقازيق، ص ص ٢٩٥ - ٣١٢
- صديق محمد عفيفي ، " الجودة الشاملة في الجامعات لماذا ؟ وكيف ؟ " ، بحث منشور في مؤتمر إدارة الجودة الشاملة في تطوير التعليم الجامعي ، مرجع سبق ذكره ، ص ص ٣١٣ - ٣٣٦.
- محمد عبدالرزاق أنور ، " إدارة الجودة الشاملة في مجال التعليم الجامعي " ، بحث منشور في مؤتمر إدارة الجودة الشاملة في تطوير التعليم الجامعي ، مرجع سبق ذكره ، ص ص ٤٣٤ - ٤٤٠ .

(٣) Lewis, R.G & smith, D.H., Total quality in Higher Education, (USA: ST. Lucie Press, ١٩٩٤ ), PP. ١٧،١٨.

فما هي تقنيات إدارة الجودة الشاملة ؟ وهل يمكن تطبيقها بدون مراعاة القيم الأكاديمية التقليدية مثل الحرية الأكاديمية وغيرها ؟ كما أن الجامعات البريطانية واجهت العديد من الصعوبات في تطبيق المواصفة الدولية Iso ٩٠٠٠ وبخاصة فيما يتعلق بقياس الجودة، وكيفية مراعاة الفروق بين المتعلمين في برامج الجودة، والإمكانات المادية المتاحة[١]. ولعل هذا يثير العديد من التساؤلات حول: مدى ملاءمة تطبيق مفهوم وأسس الجودة الشاملة في التعليم الجامعي المصري، والصعوبات التي قد تعوق تطبيقها، وفي حالة الأخذ بها، ما الاعتبارات المجتمعية والإدارية والتعليمية التي ينبغي مراعاتها ؟ وتلك هي القضايا أو التساؤلات التي ستناقشها هذه الدراسة، ومن هنا كانت أهميتها ومدى الحاجة إليه.

مشكلة الدراسة :

على الرغم من أن تطبيق الجودة الشاملة في مجال التعليم الجامعي في العديد من الدول قد حقق نجاحا ملحوظا سواء في التغلب على مشكلات هذا النوع من التعليم، أو في الوفاء بمتطلبات المجتمع منه[٢]؛ إلا أنه ليس بالضرورة أن ينجح

---

(١) ريتشارد فرمان ، توكيد الجودة في التدريب والتعليم : طريقة تطبيق معايير BS٥٧٥٠ (Iso ٩٠٠٠) ترجمة سامي حسن الفرس وناصر محمد العديلي ، المملكة العربية السعودية ، دار آفاق الإبداع العالمية للنشر والإعلام ، ١٩٩٥ ، ص ص ١٨٧ ، ١٨٨ .

(٢) See, For example :

-Marlene, C., " Towards total quality Management in Higher Education at Aston university: Acase study ", Higher Educaion, Vol. ٢٥, NQ. ٣٩, April ١٩٩٣, PP. ٣٦٣ – ٣٧١.

-Geoffery, D.D., " Towards Total quality Management in Higher Educaion : Acase study of the university of wolverhampton, "Higher Educaion, op. Cit, PP. ٣٢١ – ٣٣٩.

- يمكن مراجعة الدراسات السابقة في هذا الدراسة ، والدراسات التي اعتمد عليها الباحث في الجزء الخاص بأهمية الجودة الشاملة في التعليم الجامعي ، وكذلك الجزء الخاص بالاتجاهات العالمية في مجال تطبيق الجودة الشاملة وإدارتها في التعليم الجامعي .

تطبيق الجودة الشاملة في التعليم الجامعي المصري؛ وذلك لأن ظروف المجتمع المصري، وطبيعة التعليم الجامعي فيه والمتغيرات الكثيرة المرتبطة به، تختلف في كثير من جوانبها عن ظروف تلك الدول وطبيعة التعليم الجامعي بها، الأمر الذي يثير العديد من التساؤلات حول مدى مناسبة تطبيق الجودة الشاملة في هذا النوع من التعليم. وعلى ذلك فالدراسة الحالية تحاول الوقوف على مفهوم وأسس الجودة الشاملة وإدارتها، وأهم النماذج العالمية في مجال تطبيق وإدارة الجودة الشاملة في التعليم الجامعي، والصعوبات التي قد تعوق تطبيقها في التعليم الجامعي المصري، والاعتبارات التي ينبغي مراعاتها في حالة تطبيقها.

ومن ثم يمكن صياغة مشكلة الدراسة الحالية في التساؤل الرئيسي التالي :

إلى أي مدى يمكن تطبيق مفهوم وأسس الجودة الشاملة في التعليم الجامعي ؟ ويتفرع عن هذا التساؤل الرئيسي مجموعة الأسئلة الفرعية التالية :

- ما مفهوم الجودة الشاملة وأهميتها وأسسها في التعليم الجامعي ؟
- ما مفهوم إدارة الجودة الشاملة ومتطلباتها وخطواتها في التعليم الجامعي ؟
- ما أهم النماذج العالمية في مجال تطبيق وإدارة الجودة الشاملة في التعليم الجامعي ؟
- ما مبررات تطبيق الجودة الشاملة في التعليم الجامعي ؟
- ما أهم الصعوبات التي قد تعوق تطبيق وإدارة الجودة الشاملة في التعليم الجامعي ؟
- ما الاعتبارات التي ينبغي مراعاتها في حالة تطبيق الجودة الشاملة في التعليم الجامعي ؟

أهداف الدراسة :

تتحدد أهداف الدراسة الحالية في النقاط التالية :

- تحديد مفهوم وأهمية وأسس الجودة الشاملة في التعليم الجامعي.

- تحديـد مفهـوم إدارة الجـودة الشـاملة ومتطلباتهـا وخطواتهـا في التعليـم الجامعي.
- التعرف على بعض النماذج العالمية في مجال تطبيق وإدارة الجودة الشاملة في التعليم الجامعي واستخلاص بعض الإرشادات التي يمكن الاسـتفادة بها في حالة تطبيق الجودة الشاملة في التعليم الجامعي.
- الكشف عن أهم الصعوبات التـي قـد تعـوق تطبيق الجـودة الشاملة في التعليم الجامعي.
- وضع مجموعة من الاعتبارات التي ينبغي مراعاتها في حالة تنفيـذ الجودة الشاملة في التعليم الجامعي.

أهمية الدراسة :

تنبع أهمية هذا الدراسة من النقاط التالية :

- قد تفيد هذه الدراسة المسئولين عن التعليم الجامعي وسياساته في التعرف على الجوانب المختلفة لمدخل حديث لتطوير التعليم الجامعي ثبت نجاحـه في العديد من النظم التعليمية الأخرى، وهو مدخل الجودة الشاملة.
- قد تفيد هذه الدراسـة المسئولين عـن التعليم الجامعي والعـاملين به في التعرف علـى الصعوبات التي تعـوق تطبيق الجودة الشاملة في التعليم الجامعي والاعتبارات التي ينبغي مراعاتها للتغلب على تلك المعوقات.
- قد تفيد هذه الدراسة في استنباط بعض الدروس المفيدة للباحثين لتطوير الدراسـة في مجـال الجـودة الشـاملة في التعليم الجامعي والتعـرف علـى جوانبها المختلفة.

حدود الدراسة :

سوف تركز هذه الدراسة أساسا على الأبعاد التالية :

- رصد وتفسير الجهود العلمية التي تناولت مفهوم الجودة الشاملة وأسسها وإدارتها في التعليم الجامعي.

- رصد وتحليل الجهود العلمية التي تناولت المعوقات التي قد تحول دون تطبيق الجودة الشاملة في التعليم الجامعي.

- لن تقدم الدراسة مخططا شاملا لتطبيق الجودة الشاملة في التعليم الجامعي، وإن كانت سوف تساعد في ذلك بشكل غير مباشر من خلال تقديمها لبدائل ربما تعد جيدة تتعلق بالأسس والاعتبارات التي ينبغي مراعاتها في حالة التنفيذ.

مفاهيم الدراسة :

- الجودة الشاملة[1]: ويقصد بها في هذا الدراسة: جملة المعايير والخصائص التي ينبغي أن تتوافر في جميع عناصر العملية التعليمية بالجامعة، سواء منها ما يتعلق بالمدخلات أو العمليات أو المخرجات، والتي تلبي احتياجات المجتمع ومتطلباته، ورغبات المتعلمين وحاجاتهم، وتتحقق تلك المعايير من خلال الاستخدام الفعال لجميع العناصر المادية، أو البشرية بالجامعة.

- إدارة الجودة الشاملة[2]: يقصد بها في هذا الدراسة: مجموعة الأنشطة والممارسات التي يقوم بها المسئولون عن تسيير شؤون الجامعة – فريق إدارة الجودة ومجالسها – والتي تشمل التخطيط للجودة وتنفيذها وتقويمها وتحسينها في كافة مجالات العمل بالجامعة.

منهج الدراسة :

تعتمد الدراسة بشكل أساسي على المنهج الوصفي نظرا لملاءمته لطبيعة الدراسة الحالية وأهدافها، وعلى ذلك تم الاعتماد عليه في رصد وتفسير الجهود العلمية في مجال الجودة الشاملة وما يتعلق بمفهومها وأسسها وإدارتها والمعوقات التي تحول دون تطبيقها في التعليم الجامعي.

---

(١) لمزيد من التفاصيل عن مفهوم الجودة الشاملة انظر الدراسة الحالية ص ص ١٢، ١٣ .

(٢) لمزيد من التفاصيل عن مفهوم إدارة الجودة الشاملة انظر الدراسة الحالية ص ص ١٧، ١٨ .

خطوات الدراسة :

سوف تسير الدراسة في خطوات ست ترتبط أساسا بتساؤلاتها وهي:

- عرض وتحليل مجموعة من الدراسات السابقة العربية والأجنبية للتعرف على المشكلات والمفاهيم التي تناولتها، وتوضيح مدى استفادة الدراسة الحالية منها.

- مسح وتحليل لأبرز الكتابات التي تناولت مفهوم وأسس الجودة الشاملة.

- مسح وتحليل لأبرز الكتابات التي تناولت مفهوم إدارة الجودة الشاملة ومتطلباتها وخطواتها.

- تحليل بعض الدراسات التي تناولت تطبيق الجودة الشاملة في التعليم الجامعي في بعض الدول المتقدمة والوقوف على الإجراءات التي تم مراعاتها في عملية التنفيذ.

- تحديد المعوقات التي قد تحول دون التطبيق الناجح للجودة الشاملة من خلال استقراء واقع التعليم الجامعي وتحليل بعض الدراسات والبحوث في هذا المجال.

- في ضوء التعرف على الصعوبات التي قد تعوق تطبيق الجودة الشاملة في التعليم الجامعي سيتم وضع مجموعة من الاعتبارات المجتمعية والإدارية والتعليمية التي ينبغي مراعاتها في حالة الأخذ بهذه الفكرة.

الدراسات السابقة :

نتناول في هذه الجزئية بعض الدراسات والبحوث التي تتعلق بموضوع الدراسة الحالية، وذلك للوقوف على القضايا والمشكلات التي تناولتها والتعرف على الأساليب والإجراءات التي اتبعتها، والنتائج التي توصلت إليها، وفي ضوء ذلك تم توضيح مدى استفادة الدراسة الحالية منها.

أولا - الدراسات الأجنبية :

- دراسة " روبرت كورنسكي وآخرون "[١]

" Robert, Cornesky, and Others "

استهدفت هذه الدراسة وضع تصور موجز للإداريين عن النظريات المتنوعة لإدارة الجودة الشاملة، والأدوات الواجب استخدامها لتطبيق هذه النظريات على مؤسسات التعليم العالي، ولتحقيق ذلك تم تقسيم الدراسة إلى أربعة أجزاء، الأول يتناول مراجعة أفكار الخبراء والمهتمين بإدارة الجودة الشاملة ومناقشة إمكانية تطبيق أفكارهم على مؤسسات التعليم العالي، والثاني يتناول الاقتراحات التي ينبغي مراعاتها لتطبيق الجودة، والثالث يوضح الجوانب الأساسية لبرنامج مقترح لتطبيق الجودة الشاملة في التعليم العالي، والرابع يتضمن الشروط الضرورية لاستمرار نجاح برنامج الجودة، والتي من أهمها: التزام القائمين على إدارة مؤسسات التعليم العالي بمبادئ الجودة، وكذلك التزام أعضاء هيئة التدريس وجميع العاملين، وتأسيس الثقة بين جميع الأفراد، والتغيير في الثقافة المؤسسية الإدارية بما يتمشى مع طبيعة مفاهيم الجودة الشاملة.

- دراسة " الين ايرل شافي ولورنس.شير "[٢]

" Ellen Earl, chaffee, and lourence A. Sherr "

حاولت هذه الدراسة توضيح ماهية الجودة في التعليم، والمتطلبات اللازمة لتنفيذها في التعليم الجامعي، وذلك بناء على إلحاح من الرأي العام بضرورة العمل على وجود تعليم عالي قادر على مواجهة التحديات، وقد توصلت الدراسة من

(١) Cornesky, R, and other, " Implementing total quality management in higher education", Research in Higher Education, Vol.١٥, No.٢, ١٩٩١,PP. ١٠٢-١١٩.

(٢) Chaffee, E.E, and Sherr, L. A., "Quality: Transforming postsecondary education", CUPA-Journal, Vol.٤٣,No.٢١, ١٩٩٢, PP. ٤١- ٥٢.

خلال التحليل النظري للعديد من الكتابات التي تناولت هذا الموضوع إلى مجموعة من الاعتبارات والمتطلبات التي يجب توافرها لتطبيق الجودة في التعليم الجامعي، وكان من أهمها تأهيل وتعليم العاملين في ضوء فلسفة الجودة ومبادئها، والعمل على توفير مناخ إداري تعاوني هدفه التغيير للأفضل في الجامعة، والتأكيد على مفهوم التحسين المستمر في كل جوانب العمل، وتوفير المتطلبات الفنية والأدوات والتجهيزات المطلوبة، والنظر إلى المتعلم على أنه المُنْتج الذي ينبغي أن يتم تقييم عمل المؤسسة في ضوء تكوينه وإعداده.

- دراسة " جيمس ريلي "[1] " James, Rieley "

هدفت هذه الدراسة إلى توضيح الشروط والمتطلبات اللازمة لتطبيق فلسفة الجودة الشاملة في التعليم الجامعي، ومن خلال تحليل بعض الدراسات والكتابات في هذا المجال توصلت إلى بعض هذه المتطلبات، ومنها: تغيير ثقافة الكليات بحيث تنظر إلى الطالب على أنه العميل أو المنتج الذي في ضوء إعداده وتكوينه يتم تقييم أداء تلك الكليات، والتخطيط لما يسمى بالتحسين المستمر، ومقابلة الحاجات المتغيرة للطلاب وتلبيتها. وكذلك تلبية احتياجات العملاء الآخرين من أفراد المجتمع المحلي، وتحديد مجموعة القيم والعمليات الضرورية لتحقيق أهداف الكلية، واستخدام بعض أساليب التخطيط، وبعض الأدوات المساعدة مثل الخرائط والجداول وغيرها.

- دراسة " دانيل سيمور[2] " Daniel Seymour "

استهدفت هذه الدراسة تحديد الصعوبات التي تعوق إدارة الجودة في (٢١) كلية من الكليات التي حاولت تنفيذ الجودة، ومن خلال مسح واقع إدارة الجودة

(١) Rieley, J.B., " Total quality management in higher education", Higher Education, Vol.١٦, No.٢, ١٩٩٢, PP. ١٩١ -٢٠٣.

(٢) Seymour, D., "Total quality management in higher education: Clearing the hurdles", Administration and management, Vol. ٧, No.٤, ١٩٩٣, PP.٢٤٤ - ٢٦٤.

في هذه الكليات توصلت الدراسة إلى بعض الصعوبات التي تمثل معوقات لتنفيذ الجودة بالصورة المرجوة، وهذه الصعوبات منتشرة في معظم الكليات موضع الدراسة، وهذه الصعوبات هي:

- الوقت غير الكافي للتنفيذ والتدريب والتخطيط.
- التشكك والارتياب في نجاح الجودة الشاملة.
- اللغة بمعنى أنه لا تتوافق بعض المصطلحات والمسميات المتعلقة بالجودة الشاملة مع النطاق الأكاديمي؛ حيث إنها ذات طابع تجاري وصناعي.
- وجود بعض الأفراد الذين يرفضون التغيير.
- الوقت الطويل الذي تحتاجه المؤسسة لكي تصل للنتائج المتوقعة.
- تمسك بعض الأفراد بآراء وقيم إدارية وأكاديمية تعوق تنفيذ الجودة.
- الاختلال الوظيفي.
- سلطة الجامعة بمعنى النظر إلى تطبيق الجودة الشاملة على أنه يقلل من سلطة الجامعة.
- الإدارة الوسطى بمعنى أن أفراد الإدارة الوسطى قد يلاقون معارضة عند اشتراكهم في عملية الجودة من أعضاء الإدارة العليا.
- دراسة " تيري هازارد[(1)] **Terry, Hazzard** "

حاولت هذه الدراسة تحديد مفهوم إدارة الجودة الشاملة في التعليم الجامعي، والتعرف على نقاط القوة ونقاط الضعف في تطبيقها، وقد توصلت الدراسة إلى أن من نقاط القوة: ازدياد مشاركة العاملين في المؤسسة، والاستخدام الأفضل للموارد المتاحة، وزيادة التعاون بين الأقسام المختلفة، واقتراح حلول للمشكلات

(١) Hazzard, T, “The strengths and weaknesses of total quality Management in higher education”, New directions for institutional Research, (No. ٧١, Total quality management in higher education) Vol.١٨, No. ٣, ١٩٩٣, PP.٦١ - ٧٥.

الموجودة بالمؤسسة وتكوين لغة مشتركة بين الأفراد وتقليل العزلة بينهم، وبالنسبة لنقاط الضعف: فقد توصلت الدراسة إلى أن من أهمها: الوقت والجهد اللازمين لتطبيق الجودة، وصعوبة فهم القائمين على إدارة المؤسسة لطبيعة إدارة الجودة الشاملة، والشعور بالإحباط لدى فريق العمل في بعض الأحيان، والقدرة المحدودة في التعامل مع بعض القضايا والتحديات.

هذا وقد أوضحت تلك الدراسة أن جامعات وكليات عديدة تستخدم إدارة الجودة الشاملة، وأنه في حالة التخلص من تلك العقبات فإن إدارة الجودة الشاملة يمكن أن تخدم التعليم الجامعي بصورة كبيرة .

- دراسة " جيمس كوتس[(1)] **James Coates** "

هدفت هذه الدراسة إلى تحديد بعض الشروط التي ينبغي مراعاتها في الكليات والجامعات لتطبيق الجودة الشاملة، وكان من بين هذه الشروط: النظر إلى الطالب على أنه عميل له حاجاته ومتطلباته التي يجب مراعاتها، ووجود لجنة تقوم بتحديد الأهداف التي تسعى إليها الجامعة أو الكلية في ضوء فلسفة الجودة، ووضع معايير للتقويم الذاتي، وكذلك مراجعة الموارد والتكاليف والوقت اللازم، وتدريب العاملين وتأهيلهم في ضوء مبادئ ومعايير الجودة والعمل على تقليل الجهد الضائع، والتأكيد على التحسين المستمر من خلال التقويم والتغذية الراجعة .

- دراسة " جان فريد وآخرون[(2)] **Jann E.Freed and Others** "

حاولت هذه الدراسة تحديد مجموعة من الاعتبارات التي تسهم في تطبيق مبادئ الجودة الشاملة في التعليم الجامعي بالشكل المطلوب وتوصلت إلى المبادئ التالية :

---

(١) Coats, J., " How to improve the quality of our organizations through the use of TQM", D.A.I., Vol.٥٨, No. ٤, ١٩٩٧, P.١٣٦١.

(٢) Freed, J.E, and others, " Implementing the quality principles in higher education", Research in higher education, Vol. ٣٨, No. ٢, ١٩٩٧, PP.١٥٧ - ١١٩.

* تحديد النتائج التي نريد الوصول إليها بدقة.
* الارتباط القوي بين الأنظمة الصغيرة داخل المؤسسة.
* مراعاة متطلبات الأفراد ومتطلبات النظام.
* بناء القرارات على الواقع الفعلي.
* التفاوض والمشاركة في صنع القرار.
* التعاون.
* التخطيط من أجل التغيير.
* القيادة الواعية والمساندة.

- دراسة "رالف لويس ودوجلاس سميث" [1]

" Ralph G. Lewes and Douglas Smith "

استهدفت هذه الدراسة توضيح أهمية تطبيق الجودة الشاملة في التعليم الجامعي، وقد توصلت إلى أن تطبيق الجودة يسمح للجامعة بالارتباط بالمجتمع بصورة أفضل، ويساعدها في التغلب على مشكلات الانعزال والتفرق بين أقسامها وكلياتها، ويعالج كثير من جوانب القصور في إعداد الطلاب، وقد حددت تلك الدراسة الأعمدة الأساسية التي تقوم عليها الجودة الشاملة في التعليم الجامعي وهي :

- الالتزام بالتحسين المستمر.
- الالتزام بإرضاء العميل أي مقابلة حاجاته وتوقعاته.
- التحدث بالحقائق بمعنى أن البيانات والمعلومات التي تستخدم تكون صادقة وحقيقية.
- احترام الأفراد من خلال بث الثقة فيهم وتشجيعهم على التعاون والإنجاز.

---

(١) Lewis, R.G. and Smith, D.H., "Why quality improvement in higher education", International Journal, Vol. ١, No.٢, January – December ١٩٩٧, PP.١٨, ١٩.

ثانيا - الدراسات العربية :

- دراسة " محمود عباس عابدين " [1]

استهدفت هذه الدراسة تقويم الجهود العلمية في تعريف " الجودة "، وتقديم تعريف للجودة في التربية يعالج جوانب القصور في التعريفات الأخرى، وكذلك تقويم الجهود المتبعة في قياس الجودة، ورسم معالم طريقة قياسها في التربية، وتقويم الجهود العلمية في مجال تأثيرات الجودة مع توضيح علاقة ذلك بنشأة " اقتصاديات الجودة "، وتوضيح النمو الحادث في هذا المجال الجديد وكيفية الاستفادة منه في التربية في مصر.

وقد استخدمت الدراسة المنهج الوصفي لرصد وتفسير الكتابات المختلفة التي تناولت المجالات موضع الدراسة، وقد توصلت إلى مجموعة من النتائج من أبرزها :

- وضع تعريف شامل للجودة.
- تحديد العوامل التربوية والاقتصادية والاجتماعية والسياسية التي أدت إلى زيادة الاهتمام بالجودة في التربية.
- تحديد المداخل المختلفة لقياس الجودة فيها.
- كما تتبعت أيضا تأثيرات جودة التربية؛ لاسيما في التحصيل الدراسي للطلاب وفي اتجاهاتهم والمكاسب المادية على المدى القريب والبعيد.
- وتوصلت إلى ضعف الاتساق عبر نتائج الدراسات في النواحي السابقة وغيرها.
- كما توصلت أيضا إلى قصور الدراسات التي تمت في مجال اقتصاديات الجودة؛ لاسيما فيما يتعلق بمدى صلاحية مؤشرات الجودة التي استخدمتها، والتي جاءت غير كافية وربما مضللة في أحيان كثيرة.

---

(١) محمود عباس عابدين ، " الجودة واقتصادياتها في التربية : دراسة نقدية " ، دراسات تربوية ، القاهرة ، رابطة التربية الحديثة ، المجلد السابع، الجزء (٤٤)، ١٩٩٢م ، ص ص ٦٩ - ١٤٥ .

- دراسة " أمين النبوي الشال "[1]

حدد الباحث التساؤلات التي تسعى دراسته للإجابة عليها فيما يلي :

كيف يمكن الاستفادة من مدخل إدارة الجودة الشاملة في إحداث التغيير التربوي على المستوى المدرسي في مصر ؟

وتفرع عن هذا التساؤل الرئيسي الأسئلة الفرعية التالية :

- ما أهم المداخل الحديثة في إدارة التغيير التربوي ؟
- ما المقصود بمدخل الجودة الشاملة وكيفية استخدامه في إدارة التغيير التربوي؟
- كيف يمكن تطوير عمليات إدارة التغيير التربوي على المستوى المدرسي في جمهورية مصر العربية من خلال مواءمة مدخل الجودة الشاملة مع الموقع المدرسي ؟

وقد توصلت الدراسة من خلال استخدامها للمنهج الوصفي التحليلي إلى بعض النتائج منها: تحديد أهم المداخل الإدارية الحديثة في إدارة التغيير التربوي، وتوضيح معايير الجودة الشاملة ومبادئها، وكذلك عرضت الدراسة لنموذج مقترح لاستخدام مدخل الجودة الشاملة في إدارة التغيير التربوي على المستوى المدرسي في مصر .

- دراسة " سعاد بسيوني عبد النبي "[2]

استهدفت هذه الدراسة تقديم تصور مقترح لتطوير التعليم الجامعي المصري باستخدام مدخل إدارة الجودة الشاملة، ولتحقيق ذلك استخدمت الدراسة المنهج الوصفي واتبعت مجموعة من الخطوات بدأتها بتناول مدخل إدارة الجودة الشاملة،

---

(١) أمين النبوي الشال ، " إدارة الجودة الشاملة : مدخل لفعالية إدارة التغيير التربوي على المستوى المدرسي بجمهورية مصر العربية " ، بحث منشور في مؤتمر إدارة التغيير في التربية وإدارته في الوطن العربي ، في الفترة من ٢١ - ٢٣ يناير ١٩٩٥م ، الجزء الثاني ، ص ص ٢٨١ - ٣٢٠ .

(٢) سعاد بسيوني عبدالنبي ، " إدارة الجودة الشاملة : مدخل لتطوير التعليم الجامعي بمصر " ، بحث منشور في مجلة كلية التربية ، جامعة عين شمس ، العدد العشرون ، الجزء ٣ ، ١٩٩٦م ، ص ص ٩ - ٤٩ .

حيث أوضحت تطوره التاريخي ومنطلقاته الفكرية والتقنيات والأدوات التي يعتمد عليها، ثم تناولت بعد ذلك نظم إدارة الجودة الشاملة في التعليم الجامعي، حيث تطرقت لبعض هذه النظم مثل: المواصفة البريطانية BS ٥٧٥٠، ومفهوم توكيد الجودة Quality Assurance والذي يستخدم في مؤسسات التعليم الجامعي في أوروبا الغربية وأمريكا، وإدارة الجودة الشاملة Total Quality Management والتي تستخدم على نطاق واسع في الجامعات الأمريكية واليابانية. وحاولت الدراسة في ضوء هذا التحليل النظري وضع تصور مقترح لإدارة الجودة الشاملة في التعليم الجامعي المصري، حيث تناول هذا التصور بعض مجالس الجودة ومسئولياتها وبعض الاعتبارات التي ينبغي مراعاتها في هذه المجالس.

- دراسة " صبري كامل الوكيل " [١]

حاولت هذه الدراسة التعريف بنمط إدارة الجودة الشاملة وتطبيقاتها التربوية ببعض مدارس ولاية (نيوتاون) بالمجتمع الأمريكي، وكيفية الاستفادة من هذا النمط في التعليم الأساسي المصري، والوقوف على بعض الصعوبات التي تواجه تطبيقه وكيفية التغلب عليها.

وقد استخدمت الدراسة المنهج الوصفي حيث استخدم الباحث أسلوب المقابلة مع بعض مديري ومعلمي التعليم الأساسي، وأسلوب الزيارة والملاحظة المباشرة للإمكانات المادية بالمدارس، وتم الاقتصار على بعض مدارس مراكز وقرى محافظة كفر الشيخ.

هذا، وقد توصلت الدراسة إلى مجموعة من النتائج من أبرزها التعريف بنمط إدارة الجودة الشاملة وتطبيقاته بمدارس " نيوتاون " بولاية كانتيك الأمريكية،

---

(١) صبري كامل الوكيل ، " إدارة الجودة الشاملة في التعليم الأمريكي وإمكان تطبيقها في مجال إدارة التعليم الأساسي في مصر " ، بحث منشور في مؤتمر التعليم الأساسي : حاضره ومستقبله ، في الفترة من ١٣ - ١٤ أبريل ١٩٩٧م ، ص ص ١ - ٢٩ .

ووضع بعض الاعتبارات التي ينبغي مراعاتها لتنفيذ نمط إدارة الجودة الشاملة في التعليم الأساسي من أهمها: إعادة صياغة أهداف واستراتيجيات وإجراءات التقويم بالتعليم الأساسي على نحو يتلاءم مع فلسفة ومفاهيم إدارة الجودة الشاملة، وتحسين الوضع الكلي لمدراس التعليم الأساسي من إمكانات بشرية ومادية على نحو يؤهلها لتطبيق استراتيجيات التغيير الأساسية للتحول شطر إدارة الجودة الشاملة. وكذلك حددت الدراسة بعض الصعوبات التي قد تواجه تطبيق إدارة الجودة الشاملة في التعليم الأساسي منها: ندرة توفر البيانات والمعلومات على نحو دقيق وسريع عن النظام التعليمي وإدارته خاصة التعليم الأساسي، وذلك للاعتماد على الأساليب التقليدية في جمع المعلومات والبيانات، ومقاومة بعض العاملين في الإدارة المدرسية للتغيير، وعدم الرضا عن التحول والتجديد، واختتمت الدراسة ببعض التوصيات والمقترحات.

- دراسة " أحمد سيد مصطفى "(١)

هدفت هذه الدراسة إلى تطوير إدارة التعليم الجامعي من خلال العمل على تطبيق إدارة الجودة الشاملة في هذا النوع من التعليم؛ بغية أن يصبح للتعليم الجامعي دور فعال في مواجهة تحديات القرن الواحد والعشرين.

ولتحقيق ذلك استعرضت الدراسة التحديات التي تواجه المجتمع المصري والتعليم الجامعي في القرن الواحد والعشرين، وتعرضت لمفهوم الجودة الشاملة ومحاورها في التعليم الجامعي وهي:

الطالب والبرامج التعليمية وعضو هيئة التدريس وطرق التدريس والكتاب الجامعي والقاعات التعليمية وتجهيزاتها، وإدارة الجامعة والتشريعات واللوائح الجامعية، والتمويل الجامعي، وتقييم الأداء الجامعي.

---

(١) أحمد سيد مصطفى، " إدارة الجودة الشاملة في تطوير التعليم الجامعي لمواجهة تحديات القرن الحادي والعشرون " ، بحث منشور في مؤتمر إدارة الجودة الشاملة في تطوير التعليم الجامعي، مرجع سبق ذكره، ص ص ٣٦٣- ٣٧٨.

ووضعت الدراسة بعض التوصيات التي تساهم في الأخذ بإدارة الجودة الشاملة في التعليم الجامعي من أبرزها :

التخطيط الاستراتيجي - انطلاقا من احتياجات سوق العمل - لهيكل مواد وأنشطة التعليم الجامعي على ضوء المتغيرات في البيئة المحيطة، وتكثيف استخدام التكنولوجيا في التعليم الجامعي على اختلاف أشكالها بما يدعم ويثري العملية التعليمية.

- دراسة " انمار الكيلاني " [(١)]

حاولت هذه الدراسة وضع خطة تهدف إلى إحداث تغيير في الإدارة التعليمية نحو إدارة الجودة الشاملة بحيث توازن تلك الخطة بين ثقافة هذه الإدارة وثقافة المدرسة، وقد تضمنت الخطة المراحل التالية :

- مرحلة تمهيدية تعرف ثقافة إدارة الجودة الشاملة من فلسفة وإجراءات وتؤدي إلى التزام المعنيين بالتغيير.
- مرحلة تقدير الحاجات والتوصل إلى منظومة أولويات حسب نظام كوفمان Kofman الذي يحلل الإدارة حسب منحنى النظم.
- مرحلة بناء الخطة وإجراءات التفعيل والتوظيف.
- مرحلة الرقابة وتُبيّن القيمة المضافة.

وفي النهاية أوصت الدراسة بتبني الخطة وإدخال إدارة الجودة الشاملة في مجال التربية مع توخي عدم المساس بثقافة المجتمع ومرتكزات التربية فيه.

---

(١) أنمار الكيلاني ، " التخطيط للتغيير نحو إدارة الجودة الشاملة في مجال الإدارة التعليمية "، بحث منشور في مؤتمر نحو تعليم عربي متميز لمواجهة تحديات متجددة في الفترة من ١٢ - ١٣ مايو ١٩٩٨م، كلية التربية، جامعة حلوان، ص ص ٣١٢ - ٣٤١ .

تعليق على الدراسات السابقة وتوضيح مدى استفادة الدراسة الحالية منها:

يمكن إجمال جوانب الاستفادة من الدراسات السابقة، وكذلك بعض الملحوظات المتعلقة بهذه الدراسات فيما يلي :

- أفادت بعض هذه الدراسات الدراسة الحالية في توضيح مفهوم الجودة والاتجاهات المختلفة في تفسيره، ومن تلك الدراسات دراسة " محمود عابدين" ودراسة " إلين ولورانس "، غير أن معظم هذه الدراسات لم توضح بصورة كافية مفهوم الجودة الشاملة والأبعاد المختلفة المرتبطة به بصورة تتفق مع طبيعة المجال التعليمي .

- تعرضت بعض هذه الدراسات مثل دراسة " أحمد سيد مصطفى " لبعض التحديات التي تواجه المجتمع المصري، وقد استفاد الباحث من هذا الجزء، بيد أن الدراسة لم توضح كيف يمكن للجودة الشاملة بعد تطبيقها في التعليم الجامعي أن تسهم في مواجهة تلك التحديات، على الرغم من أن هذا هو هدف الدراسة التي أعلنت عنه في بدايتها.

- أفادت بعض الدراسات الأجنبية والعربية الباحث في التعرف على بعض المعوقات التي قد تعوق تطبيق الجودة الشاملة في المراحل التعليمية المختلفة، غير أن الدراسة العربية التي تعرضت لهذا العنصر ـ وهي دراسة " صبري كامل الوكيل " عرضت بعض المعوقات العامة التي قد تواجه أي محاولة للتغيير أو التجديد، ومع أن هذا ليس عيبا، ولكن هناك معوقات أخرى ترتبط بطبيعة المرحلة التعليمية، وهيكلها التنظيمي والجانب الإداري بها، وترتبط أيضا بالجودة الشاملة وطبيعتها ومتطلبات تطبيقها لم تتعرض لها تلك الدراسة، وهذا ما ستوضحه الدراسة الحالية.

## مفهوم الجودة الشاملة وأهميتها في التعليم الجامعي

مفهوم الجودة الشاملة :

**تتناول الدراسة في هذا الجزء معنى الجودة الشاملة والمقصود بها؛ تمهيدا للتوصل إلى مفهوم للجودة الشاملة في التعليم الجامعي تتبناه الدراسة الحالية، وقبل عرض الآراء المتعددة التي تناولت مفهوم الجودة الشاملة، قد يكون من المناسب الإشارة إلى معنى الجودة كما ورد في بعض المعاجم العربية، حيث يشير المعجم الوسيط إلى أن الجودة تعني كون الشيء جيدا، وفعلها " جاد " و " الكيفية " مصدر من لفظ "كيف" وكيفية الشيء تعني حاله وصفته[١].**

**أما بخصوص المعنى الاصطلاحي للجودة الشاملة، فقد نظر إليها البعض على أنها " مجموعة الخصائص أو السمات التي تعبر بدقة وشمولية عن جوهر التربية وحالتها بما في ذلك كل أبعادها: مدخلات، وعمليات، ومخرجات قريبة وبعيدة، وتغذية راجعة، وكذا التفاعلات المتواصلة التي تؤدي إلى تحقيق الأهداف المنشودة والمناسبة لمجتمع معين، وعلى قدر سلامة الجوهر تتفاوت مستويات الجودة" [٢]. وهناك من ذهب إلى أن الجودة الشاملة تعني إيجابية النظام التعليمي بمعنى أنه إذا نظرنا إلى التعليم على أنه استثمار قومي له مدخلاته ومخرجاته فإن جودته تعني "أن تكون هذه المخرجات بشكل جيد ومتفقة مع أهداف النظام من حيث احتياجات المجتمع ككل في تطوره ونموه، واحتياجات الفرد باعتباره وحدة بناء هذا المجتمع"[٣]. وهناك من ميَّز بين ثلاثة جوانب في معنى الجودة الشاملة وهي: جودة التصميم Design Quality وجودة الأداء Performance**

---

(١) إبراهيم يس وآخرون، المعجم الوسيط، الجزءان الأول والثاني، ط٢، القاهرة، مجمع اللغة العربية، د.ت، ص ص ١٤٥ ، ٨٠٧.

(٢) محمود عباس عابدين ، مرجع سبق ذكره ، ص ٨٢ .

(٣) بدركان زكي محمد وآخرون ، مدخل احتمالي لقياس جودة التعليم، بحث منشور في المجلة العلمية لكلية التجارة، جامعة الأزهر ، العدد العاشر ، يناير ١٩٩٣م ، ص ٤ .

Quality وجودة المخرج Output Quality. وحدد معنى جودة التصميم بأنها: تحديد المواصفات والخصائص التي ينبغي أن تراعى في التخطيط للعمل، وحدد جودة الأداء بأنها: القيام بالأعمال وفق المعايير المحددة، وجودة المخرج تعني: الحصول على منتج تعليمي وخدمات تعليمية وفق الخصائص والمواصفات المتوقعة(١). ويرى البعض أن الجودة الشاملة سواء لمؤسسة تعليمية أو تجارية تعني " اتحاد الجهود واستثمار الطاقات المختلفة لرجال الإدارة والعاملين بشكل جماعي لتحسين المنتج ومواصفاته " (٢). كما أن هناك من حدد معناها بأنها " تحقيق توقعات ورغبات العميل وذلك من خلال تعاون الأفراد في جميع جوانب العمل بالمؤسسة"(٣)، ويتفق مع هذا المفهوم أيضا القول بأن الجودة الشاملة تعني: " تلبية رغبات العميل Customer وتحقيق توقعاته ورضاه وذلك من خلال تضافر جهود جميع الأعضاء سواء أكانوا داخل المؤسسة أو خارجها " (٤). ويذهب البعض إلى أن الجودة الشاملة تعني الكفاءة Efficiency (٥)، ويعبر آخرون عن معنى الجودة بالفعالية Effectiveness (٦). وبغض النظر عن التباين بين الباحثين بخصوص مفهوم كل من الكفاءة والفعالية في مجال التعليم، يمكن القول إن الجودة الشاملة

---

(١) سمير محمد عبدالعزيز ، جودة المنتج بين إدارة الجودة الشاملة والايزو ٩٠٠٠ : رؤية اقتصادية / فنية / إدارية ( الإسكندرية : مكتبة الإشعاع الفنية ، ١٩٩٩م ) ، ط١ ، ص ص ٩ ، ١٠ .

(٢) إسماعيل محمد دياب ، " ورقة عمل حول مشروع خطة مقترحة لتطبيق نظام الجودة في المجال التعليمي " ، بحث مقدم إلى مؤتمر إدارة الجودة الشاملة في تطوير التعليم الجامعي ، مرجع سبق ذكره ، ص ٢ .

(٣) دال بستر فيلد، الرقابة على الجودة، ترجمة سرور على سرور (القاهرة: المكتبة الأكاديمية، ١٩٩٥م)، ص ٦١١.

(٤) صبري كامل الوكيل ، مرجع سبق ذكره ، ص ١٤، علي السلمي، " إدارة الجودة الشاملة ومتطلبات التأهل للايزو (القاهرة : دار غريب للطباعة والنشر، ١٩٩٥م)، ص ١١.

(٥) Egbert, D.W., "A macro-analysis of quality assessment in higher Education", Higher Education, Vol. ١٩, No.١, ١٩٩٠, P.٥٨.

(٦) انظر ... على سبيل المثال :

إبراهيم محمد المهدي ، " تطبيق مفهوم الجودة الشاملة في تصميم برامج التعليم الإداري " ، بحث منشور في مؤتمر إدارة الجودة الشاملة في تطوير التعليم الجامعي ، مرجع سبق ذكره ، ص ص ٤١٣ ، ٤١٤، محمود عباس عابدين ، مرجع سبق ذكره ، ص ٧٤ .

تشمل الكفاءة والفعالية معا؛ وذلك لأنه إذا كانت الكفاءة تعني الاستخدام الأمثل للإمكانات التعليمية المتاحة (المدخلات) من أجل الحصول على نواتج ومخرجات تعليمية معينة، أو الحصول على مقدار محدد من المخرجات التعليمية باستخدام أدنى مقدار من المدخلات التعليمية (أقل تكلفة ممكنة) [١]، فهذا يمثل أحد الأسس التي ترتكز عليها الجودة الشاملة، وهو تحقيق المواصفات المطلوبة بأفضل الطرق وأقل جهد وأقل تكلفة.

وإذا كانت الفعالية في أبسط معانيها تعني تحقيق الأهداف أو المخرجات المنشودة[٢]، فإن هذا أيضا يمثل أساسا مهما للجودة الشاملة؛ بل إنها تذهب إلى أبعد من هذا؛ حيث يعتبر التحسين المستمر في مراحل العمل المختلفة، وفي أهداف المؤسسة من أهم أسس الجودة.

ولعل مما تجدر الإشارة إليه في هذا السياق أن هناك بعض الآراء[٣] التي خلطت بين مفهوم الجودة الشاملة وإدارة الجودة الشاملة، فعلى سبيل المثال يذكر البعض أن الجودة الشاملة هي: " تخطيط وتنظيم وتنفيذ ومتابعة العملية التعليمية وفق نظم محددة وموثقة تقود إلى تحقيق رسالة الجامعة في بناء الإنسان المصري، من خلال تقديم الخدمة التعليمية المتميزة، وأنشطة بناء الشخصية المتوازنة " [٤].

---

(١) فتحي درويش عشيبة ، " فعالية التنظيم الإداري في المدارس الثانوية العامة " ، رسالة دكتوراة غير منشورة ، كلية التربية ، جامعة الإسكندرية ، ١٩٩٤م ، ص ١٨١ .

(٢) المرجع السابق ، ص ١٧٩ .

(٣) انظر ... على سبيل المثال :

- إبراهيم محمد المهدي ، مرجع سبق ذكره ، ص ٤١٣ .
- إسماعيل محمد دياب ، مرجع سبق ذكره ، ص ٢ .
- محمد يسري عثمان ، محمد موسى عثمان ، " متطلبات الجودة الشاملة لتطوير مناهج التعليم الفني التجاري في مصر " ، بحث منشور في مؤتمر إدارة الجودة الشاملة في تطوير التعليم الجامعي، مرجع سبق ذكره ، ص ٣٨٤.

(٤) صديق محمد عفيفي ، " الجودة الشاملة في الجامعات ... لماذا وكيف " ، بحث منشور في مؤتمر إدارة الجودة الشاملة في تطوير التعليم الجامعي ، مرجع سبق ذكره ، ص ٣١٤ .

وينبغي الإشارة إلى أن الجودة تشير إلى المواصفات والخصائص المتوقعة في المنتج التعليمي وفي العمليات والأنشطة التي من خلالها تتحقق تلك المواصفات، أما إدارة الجودة فتعني جميع الأنشطة التي يبذلها مجموعة الأفراد المسئولون عن تسيير شؤون المؤسسة والتي تشمل التخطيط والتنفيذ والمتابعة والتقويم، أو بعبارة أخرى هي عملية التنسيق التي تتم داخل المؤسسة بغرض: التغلب على ما بها من مشكلات، والمساهمة بشكل مباشر في تحقيق النتائج المرجوة، وبالتالي فهي عملية مستمرة لتحسين الجودة والمحافظة عليها.

تعقيب :

من خلال تحليلنا للآراء السابقة التي تناولت مفهوم الجودة الشاملة، ومن خلال استعراض العديد من الكتابات الأخرى في هذا المجال والتي لا يتسع المقام لذكرها، تم التوصل إلى مجموعة من الاستنتاجات التي توضح مفهوم الجودة الشاملة، ومن هذه الاستنتاجات ما يلي :

- من خصائص الجودة الشاملة تحقيق النتائج المتوقعة بأقل تكلفة وأقل جهد وفي أقصر وقت ممكن.
- تعد عملية تحقيق حاجات ورغبات العميل من أهم أسس الجودة الشاملة.
- الجودة الشاملة تركز على تجنب الأخطاء والانحرافات بدلا من معالجتها.
- الجودة الشاملة تعني جودة المدخلات والعمليات والمخرجات.
- تطبيق الجودة الشاملة يتيح الفرصة للنقاش والحوار المثمر البناء ويسهم في التغلب على الخوف والتردد.
- العامل في ظل الجودة الشاملة ليس مجرد متخصص في مجال معين فقط، بل هو ملم بأعمال غيره حتى يتحقق الاتصال الجيد والتفاعل المشترك، كما أن الجودة الشاملة لا تعترف بالانفصال بين الأقسام والأنظمة داخل المؤسسة؛ بل تؤكد على التفاعل القوي وتبادل المعلومات.

- شمولية الجودة تعني ثلاثة أشياء: الأول أنها تشمل كل عملية داخل الجامعة وليس مجرد التدريس فقط، والثاني أنها شاملة لكل وظيفة وليس من يقومون بتعليم الطلاب فقط، والثالث أنها شاملة لكل فرد في الجامعة فكل فرد مسئول عن الجودة في عمله.
- التقييم المستمر للجهود المبذولة والتعرف على جوانب القصور، ومعالجتها من العناصر المهمة للجودة.
- الجودة الشاملة تهدف إلى التحسين المستمر وليس التوقف عند مستوى معين.

وفي ضوء ما تم التوصل إليه من استنتاجات يمكن تحديد مفهوم الجودة الشاملة في الدراسة الحالية بأنها: جملة المعايير والخصائص التي ينبغي أن تتوافر في جميع عناصر العملية التعليمية بالجامعة سواء منها ما يتعلق بالمدخلات أو العمليات أو المخرجات، والتي تلبي احتياجات المجتمع ومتطلباته، ورغبات المتعلمين وحاجاتهم، وتتحقق من خلال الاستخدام الفعال لجميع العناصر البشرية والمادية بالجامعة.

أهمية الجودة الشاملة في التعليم الجامعي :

من خلال استقراء بعض الكتابات والدراسات والبحوث التي تناولت تطبيق الجودة الشاملة في بعض الجامعات، تم التوصل إلى مجموعة من الفوائد التي يمكن أن تتحقق في حالة تطبيق الجودة الشاملة في التعليم الجامعي منها[1] :

(١) See for example,

- Arcaro, J.S., Quality in Education: An implementation Hand Book, (Florida: St. Luice Press, ١٩٩٥), P.٦٩.
- Ciampa, D., Total quality: Auser's guide for implementation (NewYork :Addison – Wesley publishing company, Inc., ١٩٩٢), PP.٨،٩.
- Lawrence, A.S. and Gredgory, L.G., "Total quality management in higher education", Higher Education, Vol.٤٣, No.٢, ١٩٩٢, PP.٢٢ – ٢٧.
- Lewis, R.G. and Smith, D.H., Total quality in higher education, op. cit., P.٦٣.
- توفيق محمد عبدالمحسن، تقييم الأداء: مداخل جديدة لعالم جديد(القاهرة: النهضة العربية ١٩٩٧م)، ص١٥٦.
- Hazzard, T., op. Cit .
- Marlene, C., op. Cit.
- Geoffery, D.D., C., op. Cit.

- دراسة متطلبات المجتمع واحتياجات العملاء والوفاء بتلك الاحتياجات.
- أداء الأعمال بشكل صحيح وفي أقل وقت وبأقل جهد وأقل تكلفة.
- تنمية العديد من القيم التي تتعلق بالعمل الجماعي وعمل الفريق.
- إشباع حاجات المتعلمين وزيادة الإحساس بالرضا لدى جميع العاملين بالجامعة
- تحسين سمعة الجامعة في نظر العاملين والعملاء وتنمية روح التنافس والمبادأة بين الجامعات.
- تحقيق جودة المتعلم سواء في الجوانب المعرفية أو المهارية أو الأخلاقية.
- بناء الثقة بين العاملين بالجامعة ككل وتقوية انتمائهم لها.
- توفير المعلومات ووضوحها لدى جميع العاملين.
- تحقيق الترابط الجيد والاتصال الفعال بين الأقسام والوحدات المختلفة.
- الإسهام في حل كثير من المشكلات التي تعوق العملية التعليمية بالجامعة.
- تنمية العديد من المهارات لدى العاملين مثل مهارة حل المشكلة وغيرها.
- تحقيق المراقبة الجيدة والمستمرة للعمل.
- تحقيق مكاسب مادية أكثر للأفراد.

أسس الجودة الشاملة في التعليم الجامعي :

اهتمت العديد من الكتابات بموضوع الجودة الشاملة خاصة في فترة الثمانينات، حيث ظهرت كتابات كل من: جارفن Garvin وكروزبي Crosby، وجوران Juran وديمنج Deming وغيرهم.

ومن بين ما تناولته تلك الكتابات أسس الجودة الشاملة، غير أن تلك الأسس تم تناولها من منظور المؤسسات الصناعية والتجارية.

ولذلك سنحاول تطويعها للتعليم الجامعي، ومن خلال استقراء هذه الكتابات تم التوصل إلى الأسس التالية :

- الوعي بمفهوم الجودة الشاملة في التعليم الجامعي لـدى جميـع المسـتويات الإدارية والعلمية بالجامعة، حتى يُسـهم الجميـع عـن اقتنـاع في نجـاح تنفيـذ الجودة الشاملة[1].

- وجود أهداف واضحة ومحددة للجامعة يشارك في صنعها جميع العـاملين كـل على قدر إسهامه بحيث يكون لهذه الأهداف توجـه مسـتقبلي قصـير وطويل المدى، وتحقق رغبات الطلاب والعاملين والعملاء.

- توافر القيادة الفعالة التي تـتمكن مـن تنميـة مفهوم وثقافة الجودة لـدى العاملين بالجامعة، وتسـتطيع تحديد الاحتياجـات الماديـة والبشريـة اللازمـة لتنفيذ العمل بنجاح، ولديها القدرة على تحديد الواقع الحالي للجامعة وما هو متوقع في المستقبل والفجوة بين الاثنين، وتلتزم بالتحسين المستمر للجودة.

- التزام الإدارة العليا (القيادة) بتنمية ثقافة الجودة والحرص على تنفيذ أسسها.

- تبني فلسفة منع الخطأ وليس مجرد كشفه، والتركيـز علـى تصحيح العمليـات وليس على لوم الأشخاص وتوبيخهم.

- احترام الأفراد ومراعـاة حقـوقهم، وتلبيـة رغبـاتهم بمـا لا يتعارض مـع تنفيـذ العمل ومصلحته.

- الالتزام بالموضوعية والصدق في عرض البيانات والمعلومـات المتعلقـة بمجـالات العمل المختلفة بالجامعة.

- استخدام مدخل حل المشكلة في تنفيذ الجودة والتغلـب علـى المعوقـات التـي تواجهها؛ باعتباره المدخل الملائم لتحسين الجودة، وقد طـور ديمنج Deming هذا المدخل بما يتناسب مـع البيئـة التعليميـة، ومـن الأسـاليب التـي تسـهم بشكل فعـال في تنفيـذ هـذا المـدخل، ومـن ثـم في تحسـين الجودة: العصـف الذهني، تحليل

---

(١) توفيق محمد عبدالمحسن ، تخطيط ومراقبة جودة المنتج : مدخل إدارة الجودة الشـاملة ( القاهرة: دار النهضـة العربية، ١٩٩٥م)، ط١ ، ص ١٢١.

باريتو، تحليل السبب والأثر، خرائط المسار، الأشكال البيانية، عرض الأفكار، السلاسل الزمنية، تحليل المصفوفة [1].

- تصميم البرامج التعليمية والمناهج الدراسية واختيار الأساليب التعليمية في ضوء دراسة احتياجات ومتطلبات سوق العمل والعملاء؛ من حيث الأعداد المطلوبة والمواصفات المتوقعة في المتعلمين، ومتابعة التغير الذي يحدث في هذه التوقعات من آن لآخر.
- تحقيق التكامل بين البرامج التعليمية للأقسام المختلفة على مدى سنوات الدراسة في مرحلتي البكالوريوس والدراسات العليا، باعتبار أن حسن إعداد الطالب في مرحلة معينة يسهم في تأهيله للمرحلة التالية.
- تبني استراتيجيات وطرق جديدة لتنفيذ الأعمال المختلفة، ورؤية كل عملية من العمليات التعليمية أو الإدارية في ضوء النظام ككل.
- الاستخدام الذكي لتكنولوجيا المعلومات، ووجود قاعدة بيانات متكاملة يتم استخدامها بصفة دورية بالشكل الذي يضمن سلامة ما يتخذ من قرارات، مع مراعاة أن تكون تلك البيانات مميكنة لاعتبارات السرعة والدقة وسهولة الاسترجاع، وقد تتعلق هذه البيانات بسياسات وشروط القبول، أو تعكس احتياجات سوق العمل، أو تتعلق بتقييم البرامج والأفراد المشاركين في العملية التعليمية.
- انفتاح الجامعة على البيئة المحيطة بمؤسساتها المختلفة.
- تطبيق مبادئ التعليم المستمر والتدريب المتواصل للعاملين على عمليات الجودة الشاملة، وعلى كل جديد مع التأكيد على أن يكون التدريب مرتبط مباشرة بتحسين الجودة، ومن أمثلة ذلك تدريب أعضاء هيئة التدريس على الكمبيوتر، وتشجيعهم على المشاركة في الندوات والمؤتمرات المحلية والعالمية.

---

(١) توفيق محمد عبدالمحسن، تخطيط ومراقبة جودة المنتج: مدخل إدارة الجودة الشاملة، مرجع سبق ذكره، ص ١٢٢.

- Lewis, R.G.and Smith, D.H.,Total quality in higher education, op. Cit., P.V.

- التركيـز عـلى العمـل الجماعـي ولـيس عـلى العمـل الفـردي وتحقيـق الـترابط والتعاون بين الأقسام والنظم الفرعية، وبين الجهات الإدارية والعـاملين، وذلـك من خلال توحيد الهدف والتركيز على اكتسـاب المهـارات اللازمـة للتعامـل مـع الغير، وإتاحة الفرصة لتبادل المعلومات والخبرات مما يسهم في اتخاذ القرارات الرشيدة وحل المشكلات.
- إدراك أهمية الوقت كمورد رئيسي.
- تقليل التكلفة بقدر الإمكان مع الحرص على أداء العمل بشكل جيـد وتحقيـق الأهداف المتوقعة.
- الاعتماد على الرقابة الذاتية والتقويم الذاتي بدلا من الرقابة الخارجية[١].
- التخلص من الخوف لأنه يقلل من عمليات المبادأة والتجديد والإنتاجية ويتيح الفرصة لتداول المعلومات غير الصحيحة، ويعوق استخدام مداخل إدارية أكـثر حداثة وتعاونا مثل الإدارة التشاركية.
- التقيـيم والتحسـين المسـتمر بمعنـى أن يكـون عـلى مسـتوى الجامعـة جهـاز متخصص وعـلى مسـتوى عـال مـن الكفـاءة العلميـة والعمليـة، يتـولى مهمـة القياس والتقييم المستمر لجودة البرامج التعليمية، ويعمل عـلى تحـديث تلـك البرامج، وتطويرها بالشكل الـذي يتناسـب مـع احتياجـات سـوق العمـل مـن جهة، ومع التطـورات العالميـة والتكنولوجيـة مـن جهـة أخـرى[٢]، وينبغـي ألا يقتصر التحسين على محتويات البرامج التعليمية فقط، بل يمتـد ليشـمل طـرق وأساليب تنفيذها وتقييمها .
- وجود دليل موثق يتضمن كـل مـا يتعلـق بمقومـات الجـودة وأسسـها وكيفيـة إدارتها .

---

(١) Balderstone, F.E., Managing today's university (San Francisco: Jossey - Bass publishers, ١٩٩٥), ٢nd edition, PP. ٢٨٥ , ٢٨٦

(٢) Arcaro, J.S., op. cit., P.٩.

## مفهوم إدارة الجودة الشاملة وخطواتها في التعليم الجامعي

### ( أ ) مفهوم إدارة الجودة الشاملة :

تعددت الآراء والكتابات التي حاولت تحديد مفهوم إدارة الجودة الشاملة، فعلى سبيل المثال لا الحصر تناولها البعض على أنها " عملية إدارية ترتكز على مجموعة من القيم والمعلومات يتم من خلالها توظيف مواهب العاملين واستثمار قدراتهم في مختلف المجالات لتحقيق التحسين المستمر لأهداف المنظمة " (١).

وهناك من حدد معناها بأنها " تأسيس ثقافة مميزة في الأداء بحيث يعمل الجميع على نحو مستمر لتحقيق توقعات العميل وتأدية العمل الصحيح على نحو صحيح لإنجاز الجودة المرجوة " (٢).

كما ذهب البعض إلى القول بأنها " فلسفة إدارية تنتهجها الإدارة تهدف إلى استخدام الموارد البشرية والمادية بأحسن الطرق الممكنة لتحقيق أهداف المؤسسة " (٣). ونظر إليها أيضا على أنها " عملية تطوير تنظيمي الهدف منها زيادة درجة الرضا لكل من له علاقة بالمنشأة سواء كانوا عملاء أو عاملين " (٤).

ومن المعاني الأكثر شمولا لها تحديد مفهومها بأنها " مدخل لإدارة المنظمة يرتكز على الجودة ويبني على مشاركة جميع أعضاء المنظمة، ويستهدف النجاح طويل المدى من خلال إرضاء العميل وتحقيق منافع للعاملين في المنظمة والمجتمع" (٥).

---

(١) Rhodes, L.A., "On the Road to quality", Educational Leadership, Vol. ٤٩, No. ٦, ١٩٩٢, P.٧٥.

(٢) فريد زين الدين ، المنهج العلمي لتطبيق إدارة الجودة الشاملة في المؤسسات العربية ( القاهرة : دار النشر للجامعات المصرية ، ١٩٩٦م)، ص ٢٤ .

(٣) محمد يسري عثمان ، محمد موسى عثمان ، متطلبات الجودة الشاملة لتطوير مناهج التعليم الفني التجاري في مصر، مؤتمر إدارة الجودة الشاملة في تطوير التعليم الجامعي ، مرجع سبق ذكره، ٣٧٩ .

(٤) محمد محمد جاهين، المدخل إلى إدارة الإنتاج والعمليات (مكتبة كلية التجارة جامعة الأزهر، ١٩٩٨م)، ص ٣٢١

(٥) محمد عبدالغني حسن هلال ، مهارات إدارة الجودة الشاملة في التدريب ( القاهرة : مركز تطوير الأداء والتنمية ، ١٩٩٦م ) ، ط١ ، ص ١٦ .

هذا، وفي ضوء المعاني السابقة لإدارة الجودة الشاملة وفي ضوء أهداف الدراسة الحالية، يمكن تحديد مفهومها بأنها : " مجموعة الأنشطة والممارسات التي يقوم بها المسئولون عن تسيير شؤون الجامعة – فريق إدارة الجودة ومجالسها – والتي تشمل التخطيط للجودة وتنفيذها وتقويمها وتحسينها في كافة مجالات العملية التعليمية بالجامعة ".

(ب) خطوات إدارة الجودة الشاملة في التعليم الجامعي :

لعله من الجدير بالذكر قبل عرض خطوات إدارة الجودة الشاملة في التعليم الجامعي، الإشارة إلى المتطلبات اللازمة لتنفيذ هذه الإدارة، ومن أهم تلك المتطلبات تشكيل فريق إدارة الجودة ومجالسها، وتوضيح المسئوليات التي ينبغي أن يقوم بها كل من هذه المجالس، وذلك على النحو التالي :

مجلس الجودة :

ويمثل المستوى القيادي الأعلى لاتخاذ القرارات وإعطاء السلطات اللازمة لتوجيه ودعم عملية إدارة الجودة الشاملة، وينبثق من مجلس الجامعة أو الكلية ويرأسه رئيس الجامعة أو عميد الكلية، ومن أهم مسئوليات هذا المجلس [1] :

- وضع الخطط اللازمة لتنمية ثقافة الجودة.
- قيادة عملية التخطيط للجودة الشاملة.
- إنشاء وتوجيه أنشطة الفرق القيادية الأخرى للجودة مثل: لجنة تصميم وتنمية الجودة، لجنة توجيه الجودة، لجنة قياس وتقويم الجودة.
- توفير الموارد المالية والبشرية لتنفيذ إدارة الجودة الشاملة.
- وضع الأهداف السنوية لإدارة الجودة الشاملة.
- متابعة أعمال دوائر الجودة.

---

(١) عادل الشبراوي، الدليل العملي لتطبيق إدارة الجودة الشاملة: ايزو ٩٠٠٠ (القاهرة : الشركة العربية للأعلام العلمي ، ١٩٩٥م) ص ص ٢٣، ٢٤.

فريق تصميم وتنمية الجودة :

**ويعمل تحت قيادة مجلس الجودة ومهمته الأساسية وضع استراتيجية تطوير نظام إدارة الجودة، وتتمثل أهم مسئولياته في :**

- **دراسة مفاهيم إدارة الجودة الشاملة وتطبيقاتها.**
- **تصميم البرامج التدريبية لقيادات الجودة وفرق العمل.**
- **تحديد متطلبات العملاء سواء داخل أو خارج الجامعة أو الكلية.**
- **اقتراح خطة مبدئية للعمل بالجامعة، وتحديد خطواتها الأساسية، وما تتطلبه من تجهيزات وأماكن عمل وغيرها.**
- **تحسين الجودة داخل الجامعة.**

لجنة توجيه الجودة :

**وتعتبر مركز عملية إدارة الجودة وتتمثل أهم مسئولياتها في[(١)] :**

- **توثيق الصلة بين الجامعة والمؤسسات الأخرى.**
- **وضع الخطط اللازمة لتطوير برنامج دوائر [(٢)] الجودة.**
- **تنظيم البرامج التدريبية لأعضاء دوائر الجودة.**
- **إزالة الخوف ونشر الخبرات الفائقة والدروس المتعلمة داخل الجامعة أو الكلية.**

---

(١) المرجع السابق ، ص ٢٤ .

(٢) لمزيد من التفاصيل عن بعض المفاهيم المستخدمة في مجال تطبيق الجودة الشاملة مثل : دوائر الجودة، ومجالس الجودة ، وضبط الجودة ، وتوكيد الجودة ، وفرق الجودة ، وغيرها انظر ...

- توفيق محمد عبدالمحسن، تخطيط ومراقبة جودة المنتجات: مدخل إدارة الجودة الشاملة ( القاهرة: دار النهضة العربية، ١٩٩٥.
- حرفوش مدني ، التوجه نحو إدارة الجودة الشاملة كمدخل للإصلاح الإداري ، القاهرة ، ١٩٩٦م.
- عادل الشبراوي، الدليل العملي لتطبيق إدارة الجودة الشاملة: ايزو ٩٠٠٠ ( القاهرة : الشركة العربية للأعلام العلمي ، ١٩٩٥.
- دال بستر فيلد ، الرقابة على الجودة ، ترجمة سرور على إبراهيم ، ( القاهرة : المكتبة الأكاديمية ، ١٩٩٥م).

لجنة قياس وتقويم الجودة :

**وتتمثل أهم مسئولياتها في تقويم برنامج الجودة الشاملة في الجامعة، والتأكد من مدى توافق أهداف الجامعة مع احتياجات العملاء، والتأكد من استخدام الطرق العلمية في التنفيذ.**

**هذا، ومن الأمور التي ينبغي أن تركز عليها قيادات هذه اللجان والمجالس السابقة تنظيم برامج تدريبية منتظمة ومتخصصة للعاملين بالجامعة؛ بحيث تتضمن تلك البرامج مفهوم إدارة الجودة الشاملة وأهميتها، وكيفية تنفيذ الأعمال المختلفة.**

**وبالإضافة إلى ما سبق تتطلب إدارة الجودة الشاملة أيضا اختيار المسهل Facilitator، ويعتبر عاملا أساسيا في نجاح أو فشل برنامج إدارة الجودة، ويجب أن تتوافر فيه عدة صفات منها: القدرة على الاتصال الجيد، والقدرة على عرض الأفكار وكتابتها بطريقة جيدة، ولديه خلفية علمية في مجال العلوم السلوكية، ومستمع جيد. ويقوم المسهل بتوجيه وتنسيق العمل والتأكد من تطبيق برنامج الجودة، واستخدام تقنياتها وأدواتها وتنظيم المقابلات لأعضاء دوائر الجودة[1].**

**أما بخصوص خطوات إدارة الجودة الشاملة في التعليم الجامعي والتي تسهم فيها وتقوم بها المجالس السابقة فيمكن تحديد هذه الخطوات على النحو التالي :**

**أولا : التمهيد :**

**وهي مرحلة تهيئة العاملين بالكلية أو الجامعة لتقبل مفهوم الجودة الشاملة، والالتزام بهذا المفهوم وما يتطلبه من إجراءات ومتطلبات في العمل، وتتضمن هذه العملية الممارسات التالية :**

- **توضيح مفهوم الجودة الشاملة وأسسها ومقوماتها لجميع العاملين.**
- **تشجيع العاملين على المشاركة في مناقشة تلك الأسس والمقومات.**

---

(١) Arcaro , J.S., op. cit., P٨١.

- تحديد احتياجات العملاء سواء الداخليين (المتعلمين) أو الخارجيين (احتياجات منظمات الأعمال المختلفة في القطاعين العـام والخـاص والمؤسسـات الخدميـة وغيرها).

- تحديد معايير الجودة التي ينبغي الوصـول إليها في كـل نشـاط أو مجـال مـن مجالات التعليم بالجامعة.

- تحديد خطوات العمل وإجراءاته في كل مجال بدقة.

- تحديد المهام والمسئوليات اللازمة لتنفيذ الأعمال المختلفة.

- توضيح الخصائص والصفات الواجب توافرهـا في القائمين بالعمـل في مختلـف الأقسام والمجالات بدقة من حيث المؤهلات العلمية والمهارات الشخصية.

- توفير الموارد المالية والمعلومات اللازمة لبداية التنفيذ.

ثانيا : التنفيذ :

ويتضمن الممارسات التالية :

- توزيع المهام والمسئوليات على الأفراد بما يتفق مع قدراتهم وإمكاناتهم.

- تحديد السلطات المناسبة لكل فرد بما يتفق مع مسؤولياته.

- زيادة القدرات والمهارات اللازمة للتنفيذ من خلال عمليات التدريب المسـتمر سواء بالنسبة لأعضاء هيئة التدريس أو الإداريين.

ثالثا : التقويم :

تجدر الإشارة إلى أن هذه العملية لا يقصد بها فقط التقـويم النهائي للحكم على نجاح وجودة التغيير الذي تم إنجازه، ولكن تصاحب هذه العملية كل مراحل العمل السابقة سواء التمهيد أو التنفيذ، وذلك للاستفادة من التقـويم المسـتمر في ترشيد عمليات إدارة الجودة في المرات التالية، ومن أبرز الممارسات التي تتضمنها تلك العملية :

- المراقبة المستمرة للأداء من مرحلة التمهيد حتى نهاية مرحلة التنفيذ.

- مقارنة الأداء بمعايير الجودة التي تم تحديدها في مرحلة التمهيد.
- تقييم أداء العاملين ووضع رتب لإدائهم.
- إعادة توجيه العمل نحو المتطلبات الجديدة للعميل وتحديد الأخطاء والانحرافات عن الهدف الموضوع وتقديم الخبرات اللازمة لتصحيح الأخطاء والتحسين المستمر.
- المراجعة المستمرة للجودة بغرض التأكد من مدى فاعلية نظام إدارة الجودة الشاملة ومدى مناسبته لطبيعة العمل بالجامعة.

بعض الاتجاهات العالمية الحديثة في مجال تطبيق وإدارة الجودة الشاملة في التعليم الجامعي :

تعددت الجامعات والكليات التي تبنت فلسفة الجودة الشاملة في معظم المجتمعات، واختلفت المداخل التي استخدمتها تلك الجامعات في عملية التنفيذ، فعلى سبيل المثال تبنت بعض الجامعات في أوروبا الغربية وأمريكا الشمالية وكوريا مدخل توكيد الجودة Quality Assurance وأخذت بعض الجامعات البريطانية بالمواصفة البريطانية ٥٧٥٠ BS للوصول إلى الجودة الشاملة، واستخدمت بعض الجامعات اليابانية نظام بيت الجودة The House of Quality، وأخذت به بعد ذلك الجامعات الأمريكية، وفي هذا الجزء من الدراسة سوف يتعرض الباحث لبعض هذه النماذج، بالإضافة إلى توضيح تجربة جامعة أوريجون في تطبيق الجودة الشاملة وإدارتها من خلال وصف الخطوات والإجراءات التي اتبعتها في عمليات التخطيط والتنفيذ والتقويم.

مدخل توكيد الجودة :

انتشر هذا المدخل بعد انعقاد المؤتمر الدولي لتوكيد الجودة في التعليم الجامعي بمونتريال عام ١٩٩٣م، حيث ترتب على نتائج وتوصيات هذا المؤتمر إنشاء مراكز دولية لتوكيد الجودة والتقويم في بعض الجامعات الأوروبية .

ويُقصد بتوكيد الجودة منع حدوث الأخطاء، وضمان الأداء الجيد من أول مـرة، وهذا المفهوم منبثق من مفهوم مراقبة الجودة، ويختلف تطبيقـه مـن جامعـة إلى أخرى حسب الإمكانـات المتاحـة والعمليـات التـي ينبغـي التركيـز عليهـا، وعمومـا توجد مجموعة من الصفات التي تميز هذا المفهوم منها [١] :

- وجود رسالة للجامعة أو الكلية تهدف إلى تحقيق الجودة.
- تعزيز معلومات الإدارة وهيمنتها.
- وضوح الإجراءات التي تبين كيفية إنجاز العمل.
- قياس الأداء بدقة من خلال معايير للأداء الجيد.
- وجود إجـراءات تصـحيحية ونظـام مراجعـة لمراقبـة العمـل وتطـويره؛ غـير أن هناك بعض المآخذ عـلى هـذا المفهـوم منهـا: الـبطء في الاسـتجابة لاحتياجـات الأفراد والمؤسسة، وعدم الاهتمام بخفض تكلفة الجودة[٢].

فكرة بيت الجودة :

بدأت هذه الفكرة في اليابان في مجال الصناعة، وأخذت بها الجامعات اليابانيـة ويعني بيت الجودة: مجموعة من المفاهيم والمبادئ التي تُسهم في تحقيق الجودة الشاملة، وتتحدد المكونات الأساسية لبناء الجودة[٣] :

- السطح أو البنية الفوقية وتتكون مـن ثلاثـة أنظمـة تـؤثر في الجـودة الشـاملة وإدارتها وهي النظام الاجتماعي، النظام الإداري، النظام التقني.
- ركائز الجودة وهي: خدمة العميل، احـترام البشرـ، الإدارة بالحقـائق، التحسـين المستمر.

---

(١) حرفوش مدني ، مرجع سبق ذكره ، ص ١٦٦ .

(٢) المرجع السابق ، ص ١٦٧ .

(٣) Lewis, R.B. and Smith, D.H., Total quality in higher education, op. cit., P.٨٣.

- الأصول والأركان الحجرية التي يرتكز عليها السقف والأعمدة ويتكون كل منها من أربع عمليات هي :
- الأصول: استراتيجية، عمليات، مشروع، إنسانية الإدارة.
- الأركان: مهمة، رؤية، قيم، أهداف وقضايا.

هذا، وقد وضع ديمنج Deming بعض الإرشادات التي ينبغي على الجامعات أن تراعيها عند تنفيذ بيت الجودة وهي[1] :

- توضيح مفهوم الجودة الشاملة لجميع العاملين.
- توضيح سلوكيات الجودة الشاملة التي ينبغي أن يلتزم بها العاملين.
- وجود مقاييس صالحة للحكم على جودة النظام.
- ضرورة الاستفادة من الأخطاء في المراحل المقبلة.
- العمل على نقل تنفيذ الجودة إلى جامعات أخرى لها نفس الخصائص.
- نشر الدروس المستفادة من تنفيذ الجودة الشاملة.

نموذج جامعة أوريجون Oregon University :

طبقت جامعة ولاية أوريجون مبادئ الجودة الشاملة، واتبعت تلك الجامعة بعض الخطوات والإجراءات لتنفيذ هذه المبادئ، ومن أهم هذه الخطوات ما يلي[2] :

- توضيح مفهوم الجودة الشاملة وأسسها وتحديد أهداف مجلس الجودة ومستشاريها بالجامعة.
- تعريف جميع الأعضاء بمبادئ الجودة وفنياتها وذلك عن طريق الوثائق المكتبية والمنشورات والاجتماعات وورش العمل.
- وضع خطة لتقييم العمل بالكلية في ضوء أسس الجودة الشاملة للتعرف على الوضع الحالي بها.

---

(١) Ibid., P.٨٤.

(٢)Lewis, R.G. and Smith, D.H., Total quality in higher education, op. cit., PP. ٢٣٧ - ٢٥٠.

- مناقشة نتائج التقييم مع العملاء الداخلين والخارجيين وعرض هذه النتائج على القيادات ومستشاري الجودة.
- تحديد فرص التحسين التي يتم فيها تنفيذ سياسية الجودة الشاملة، وذلك من خلال توضيح الأهداف المرجوة وتوجيه الجهود نحوها عن طريق لقاءات رسمية أو تقارير مكتوبة.
- تكوين فريق لمتابعة الجودة يشارك فيه بعض الأعضاء البارزين في الجامعة.
- تدريب أعضاء مجلس الجودة وفريق متابعة الجودة بحيث يتم في هذا التدريب توضيح مفاهيم الجودة الشاملة وفنياتها.
- تحديد الفرق الوظيفية التنفيذية المنوط بها تحقيق الأهداف ومواجهة المشكلات التي تعوق التنفيذ مع مراعاة إرضاء العملاء ومقابلة توقعاتهم.
- توعية الأفراد بطرق التحسين والتقييم الذاتي، وذلك عن طريق اللقاءات وورش العمل والاجتماعات.
- وضع محكات وإجراءات من شأنها تقييم جهود الجودة الشاملة وتحسينها.
- تنمية وتطوير تدريب الأفراد لتلافي وقوع ما حدث من أخطاء أثناء التنفيذ في المشروعات والخطط القادمة.
- تقييم الوضع الكلي للبرامج المنفذة بغرض الحصول على معلومات عن أثر تنفيذ الجودة الشاملة وجهود التحسين ومحاولة التغلب على الأخطاء مستقبلا.

هذا وقد أسفر تطبيق الجودة الشاملة بجامعة أوريجون عن مجموعة من النتائج الإيجابية من أهمها: توفير الوقت والخامات، وتنمية قيم العمل الجماعي ومهارات حل المشكلة، وتزايد الإحساس بالرضا عن العمل لدى العاملين، وإشباع رغبات العملاء وتحقيق توقعاتهم [١].

(١) Ibid., P.٢٥٩.

ولتحقيق تلك النتائج الإيجابية بصفة مستمرة اقترح " كوتي Coate " بعض الإرشادات التي يجب مراعاتها في حالة تنفيذ الجودة الشاملة في الجامعات والكليات منها [1] :

- المعاونة والتشجيع من قبل الرئاسة العليا.
- عدم التردد والقيام بالفعل دون خوف.
- الاهتمام بتدريب فرق الجودة ومجالسها.
- الالتزام طويل المدى حيث يستغرق تنفيذ الجودة الشاملة خمس سنوات على الأقل، ويتطلب هذا قيادة تتمتع بالصبر والقدرة على حفز العاملين وإثارتهم.
- التخطيط الكلي الشامل ومراعاة كل متطلبات التنفيذ.
- الاهتمام بالجانب الإداري في الجامعة باعتبار أن الجوانب الإدارية في الجودة الشاملة لها نفس أهمية الجوانب الأكاديمية.
- تعليم الجودة الشاملة وتدريسها بالكليات المختلفة وعقد دورات تدريبية للطلاب تتناول مفهوم الجودة الشاملة وما يتعلق بها من قضايا.

هذا، وبالإضافة لما سبق هناك جامعات في أمريكا استخدمت نماذج أخرى في عملية التنفيذ، فولايتي فلوريدا وتكساس لجأتا إلى المدخل البيروقراطي، وفي كل من كاليفورنيا وواشنطون يستخدم مدخل " دعه يعمل " الذي يؤكد على أهمية الإدارة المتمركزة حول الجامعة أو الكلية. كذلك أخذت كليات المجتمع الأمريكية منذ السبعينات بمدخل تحسين الجودة [2] .

---

(1) Ibid., PP. ٢٥٩ ، ٢٦٠.

(٢) لمزيد من التفاصيل عن هذه الجوانب انظر :

● محمود مصطفى الشال ،" تطوير التعليم الجامعي المصري في ضوء التغيرات المجتمعية : دراسة تحليلية " ، رسالة دكتوراة غير منشورة ، كلية التربية بدمنهور ، جامعة الاسكندرية ، ١٩٩٤ .

● مجدي على الحبشي، " مشكلات طلاب الجامعة ودور أعضاء هيئة التدريس في مواجهتها: دراسة حالة لجامعة قناة السويس "، رسالة ماجستير غير منشورة ، كلية التربية ، جامعة قناة السويس ، ١٩٩٤ .

● مجلس الشورى ، " الجامعات المصرية : حاضرها ومستقبلها " ، تقرير مقدم من لجنة الخدمات، دور الانعقاد العادي الخامس ، القاهرة ، الهيئة العامة للمطابع الاميرية ، ١٩٨٥ .

مبررات تطبيق الجودة الشاملة في التعليم الجامعي :

- الانفصال بين محتوى المقررات الدراسية ومتطلبات الطلاب والتنمية.
- غلبة أسلوب المحاضرة والتلقين في التدريس والاعتماد على المذكرات الجامعية.
- نقص المعامل والورش والمكتبات والوسائل التعليمية.
- انفصال الدراسة العلمي عن العمل التطبيقي وضعف اهتمامه بمشكلات قطاعات الزراعة والتجارة والصناعة.
- قصور عملية تمويل التعليم الجامعي.
- قصور الإدارة الجامعية.

وسنكتفي بعرض جوانب القصور على النحو السابق نظرا لأن هناك العديد من الدراسات والبحوث التي تناولت هذه الجوانب بالدراسة والتحليل.

ب ـ المحور الثاني: التحديات المعاصرة التي تواجة التعليم الجامعي ومن ابرزها[1] :

- تزايد تكلفة التعليم بشكل عام لاسيما التعليم الجامعي.
- الرغبة في توسيع مظلة التعليم الجامعي مع الارتفاع بمستوى الجودة.
- الانفجار المعرفي والتكنولوجي.
- التغيرات الاقتصادية العالمية والمحلية وما يرتبط بها من مفاهيم وقضايا.
- التغيرات الاجتماعية والقيمية بصفة خاصة.

ولن نتعرض بالتفصيل لهذه التحديات نظرا لأنه تم تناولها بالتحليل في دراسات وبحوث أخرى.

---

(١) لمزيد من التفاصيل عن هذه التحديات انظر :

- محمود مصطفى الشال ، مرجع سبق ذكره .
- محمد نبيل نوفل ، " تاملات في فلسفة التعليم الجامعي العربي " ، التربية الجديدة ، تصدر عن مكتب اليونسكو الاقليمي للتربية في الدول العربية ، العدد ٥١ ، السنة ١٧ , سبتمبر / ديسمبر ١٩٩٠ .
- المجلس الأعلى للجامعات، " الملامح الرئيسية لتطوير التعليم الجامعي (١٩٧٣ ـ ١٩٩٨)، القاهرة، المجلس الأعلى للجامعات ، أكتوبر ١٩٩٨ ، ص ص ١ ـ ٤ .

ج ـ المحور الثالث: النتائج الإيجابية التي ترتبت على تطبيق الجودة الشاملة في بعض النظم التعليمية الأخرى.

وقد تم توضيح هذه النتائج الإيجابية في الجزء الخاص بالدراسات السابقة.

أهم الصعوبات التي قد تعوق تطبيق الجودة الشاملة في التعليم الجامعي :

تجدر الإشارة إلى أنه على الرغم من أن تحسين جودة التعليم الجامعي ومراجعة معايير الأداء به أصبحت من الأمور الضرورية والمهمة في الوقت الحالي؛ نظرا لما يعانيه التعليم الجامعي من مشكلات جعلته غير قادر على مواكبة التغيرات والتحديات المحلية والعالمية.

وعلى الرغم من أن تطبيق الجودة الشاملة في التعليم الجامعي في بعض الدول قد حقق نجاحا ملحوظا في تطوير هذا النوع من التعليم وفي التغلب على العديد من جوانب القصور به؛ إلا أن تطبيق هذه الصيغة في التعليم الجامعي يتطلب الحذر والدراسة العلمية المتأنية حتى تؤتي هذه التجربة ثمارها المرجوة عند التنفيذ.

وانطلاقا من هذا تحاول هذا الدراسة التنبيه إلى بعض الصعوبات التي يمكن أن تواجه عملية تنفيذ الجودة الشاملة، والتي قد تؤثر بالسلب على النتائج المرجوة، وذلك بغرض العمل على تفاديها ووضع السبل التي تسهم في التغلب عليها.

ويمكن عرض أبرز تلك الصعوبات على النحو التالي :

طبيعة الهيكل التنظيمي للجامعات :

يعاني الهيكل التنظيمي للجامعة أو الكلية من بعض جوانب القصور والخلل التي تؤثر على فعالية العملية التعليمية والإدارية بالجامعة، فهناك اهتمام كبير بالشكل التنظيمي بغض النظر عن مدى ملاءمته لظروف واحتياجات العمل الفعلية، كما أن هناك بعض المؤشرات التي توضح أن هناك تداخلا بين الوظائف المختلفة بالجامعة، خاصة الوظائف القيادية فيما يتعلق بالمسئوليات والسلطات

الخاصة بكل منها، ولعل ذلك يرجع إلى عدم التحديد الواضح للمهام المنوطة بكل من تلك الوظائف، فضلا عن عدم التناسب بين المسئوليات المتوقعة من بعض الأفراد والسلطات الممنوحة لهم، ووجود تكرار في بعض المهام المتعلقة ببعض الوظائف[1]، كل هذا يؤدي إلى عدم قدرة الهيكل التنظيمي على الوفاء بمتطلبات تطبيق الجودة الشاملة .

قصور إدارة الجامعة أو الكلية :

هناك بعض القيادات التي تتحمل مسئولية الإدارة في الجامعة أو الكلية مازالت تمارس بعض السلوكيات التي تعوق تطبيق الجودة الشاملة والتي منها: عدم إشراك المرؤوسين في اتخاذ القرارات التي تهمهم، والتسلط والاندفاع والاهتمام بالمصالح الفردية في بعض الأحيان، والتركيز على تقييم الأداء وليس على التوجيه والإرشاد الذي يساعد الأفراد في تحقيق جودة أعلى، فضلا عن وجود العديد من أوجه الخلل في هذا التقييم.

عدم توفر قاعدة بيانات متكاملة عن مجالات العمل المختلفة بالجامعة :

تعتمد العملية التعليمية بمكوناتها المختلفة بصفة أساسية على البيانات والمعلومات سواء ما يحتاجه منها متخذي القرارات الخاصة بسياسات وشروط القبول، أو تلك التي تستخدم في تطوير وتحديث البرامج التعليمية، أو المعلومات المتعلقة باحتياجات سوق العمل، أو ما يرتبط منها بتقييم البرامج والأفراد المشاركين في العملية التعليمية.

والواقع الحالي بالجامعات يشير إلى قصور كبير في هذا المجال، ولعله من المعروف أن من أهم الأسس التي تقوم عليها الجودة الشاملة وجود قاعدة بيانات

---

(١) أحمد الخطيب، " الإدارة الجامعية من منظور التطوير المهني لأعضاء هيئة التدريس في الجامعات العربية " ، بحث مقدم إلى ورشة عمل بعنوان الإدارة الجامعية من منظور التطوير المهني لأعضاء الهيئات التدريسية "، كلية الهندسة، جامعة الإسكندرية ، نوفمبر ١٩٩٧م ، ص ص ١٢ ، ١٣ .

شاملة ومتكاملة للمؤسسة يتم في ضوئها تسيير شؤون العمل واتخاذ القرارات المتعلقة به.

قصور العلاقة بين الجامعة والمجتمع :

هناك بعض المؤشرات التي توضح أن العلاقة بين الجامعة والمجتمع ليست بالصورة المرجوة، فعلى سبيل المثال يشير الواقع العملي إلى أن الجامعات ليست لديها خطة طويلة الأجل لدراسة احتياجات قطاعات العمل المختلفة سواء من حيث الكم أو الكيف، وعند توافر هذه الخطة فغالبا ما يكون التركيز على الأجل القصير، فضلا عن أن هذه الخطط قد توضع بناء على منطق التجربة دون دراسة سابقة لاحتياجات العملاء ومعرفة رغبات واحتياجات كل قطاع، ولعل ذلك يرجع إلى بعض العوامل المجتمعية التي تتحكم في: عمليات القبول بالجامعة وفرص العمل والإمكانيات والموارد المتاحة[1].

كثرة القوانين واللوائح وعدم وضوحها في بعض الأحيان :

تتعدد القوانين واللوائح التي صدرت بخصوص التعليم الجامعي وجوانبه المختلفة، بالإضافة إلى أن بعض هذه القوانين يميل إلى التعقيد وعدم الوضوح، ويؤدي هذا إلى التخبط ووجود تفسيرات عديدة لكل قانون أو لائحة، الأمر الذي يترتب عليه كثير من المشكلات في مجال التنفيذ.

قصور العناية بالجوانب الإنسانية في مجال العمل

من العوامل الأساسية التي تسهم في نجاح تطبيق الجودة الشاملة الاهتمام بالعلاقات الإنسانية في العمل، والمستقرئ لواقع التعليم الجامعي وما يحدث فيه، والمتتبع للدراسات والبحوث التي أجريت في هذا المجال يلاحظ أن هذا الجانب لا يحظى بالاهتمام الكافي، فهناك العديد من الممارسات التي تحدث بالجامعة والتي تؤثر

(١) أحمد محمود عبدالمطلب ، " أوجه التعاون العربي في بعض جوانب التعليم العالي " مؤتمر التعليم العالي في الوطن العربي : آفاق مستقبلية " ، مرجع سبق ذكره ، ص ٣٠ .

على العلاقات الإنسانية في العمل منها: وجود بعض الرؤساء الذين يميلون إلى إيجاد فجوة بينهم وبين العاملين، ولا يعطوهم الفرصة الكافية للاستفادة من علمهم، ولا يشجعوهم على النقد الموضوعي؛ بل إنهم من خلال سلوكياتهم يزرعون الخوف في نفوس هؤلاء المرءوسين، ويقللون من انتمائهم، الأمر الذي يؤدي إلى: انخفاض الروح المعنوية لديهم، واللامبالاة في تنفيذ الأعمال التي تسند إليهم.

وعلى الرغم من أن معظم الجامعات تبذل جهودا مكثفة لتحقيق العلاقات الإنسانية الجيدة في العمل، إلا أن هذه الجهود لم تصل بعد إلى الصورة المرجوة.

قصور التمويل والنمو غير المتوازن في التعليم الجامعي :

على الرغم من أن الميزانيات المالية للجامعات قد ازدادت بشكل ملحوظ في الفترة الأخيرة، إلا أنها مازالت تعاني من نقص كبير في مواردها، بالإضافة إلى أن معدل الزيادة في أعداد الطلاب مازال يفوق الزيادة في الموارد والإمكانات المتاحة، وأيضا يفوق الزيادة في عدد أعضاء هيئة التدريس، كما أن هناك بعض الجامعات غير قادرة على استيعاب هذه الأعداد في ضوء ما لديها من أجهزة ومعامل ومنشآت وغيرها، الأمر الذي نتج عنه جوانب قصور متعددة في إعداد الطلاب وتدريبهم.

بعض المعوقات التي تتعلق بالثقافة التنظيمية للجامعات وبمفاهيم وأسس الجودة الشاملة :

يمكن تلخيص أهم هذه المعوقات على النحو التالي[1] :

(١) انظر ... على سبيل المثال :
- نادر فرجاني ، مرجع سبق ذكره ، ص ص ٩٦ ، ٩٧ .
- أحمد الخطيب ، مرجع سبق ذكره ، ص ص ١٣ ، ١٤ .
- Lewis, R.G, & . smith, D.H., op. Cit., PP. ١٢،١٣.

- البنية التنظيمية المزدوجة للكليات والجامعات بمعنى التمييز والفصل بين الوظائف الأكاديمية والإدارية، الأمر الذي يؤدي إلى وجود اتجاهين متوازيين في العمل، لكنهما غير متعاونين بالمستوى المطلوب، مما يترتب عليه صعوبة إنماء الحس المشترك إزاء المهمة التي تسعى إليها الجامعة.

- الاعتقاد السائد لدى معظم العاملين بالجامعة بأن الجامعات والكليات متمايزة عن غيرها من المؤسسات الاجتماعية الأخرى، وأنها فوق حدود التقييم ومحكات التقدير التي تطبق على غيرها من المؤسسات، ويرون أن هذا يرجع لكونها مؤسسة تعليمية تهتم بالمعرفة في المقام الأول، فهي إذن تستطيع أن تمارس الجودة دون توجيه من أحد خارجها، مما يعوق نقد الذات وتقدير آراء الأفراد والجماعات من خارج الجامعة، ويؤدي إلى عدم التجاوب مع هذه الآراء، حتى آراء هؤلاء الذين يمدون الجامعة بما تحتاجه من مصادر وموارد.

- اتجاه كل جامعة أو كلية إلى رؤية ذاتها ككيان مستقل ومتفرد وينتج عن ذلك أن أية محاولات للتغيير والتطوير قد تواجه بعدم تنفيذها، أو على الأقل إن نفذت تُنفذ على جامعة معينة، وليس بالضروري على كل الجامعات.

- الانفصال بين الأقسام والوحدات المختلفة بالجامعة، ووجود بعض أوجه الخلل في تلك الوحدات، ولعل هذا يتعارض مع ملمح هام من ملامح الجودة الشاملة، وهو التأكيد على ضرورة التداخل والتعاون بين الأنظمة والأقسام، وكذا التعاون إزاء حل المشكلات وإنجاز المشروعات التي تعنى بها الجامعة.

- التركيز في قيادة الكلية أو الجامعة على الموضوعات الخارجية أكثر من الجوانب الداخلية، ولهذا تأثير غير مرغوب على أية عمليات إصلاح أو تطوير، لأنه بدون الجهد القيادي النشط الذي يهتم بجميع جوانب العملية التعليمية بالجامعة من العسير أن ينفذ برنامج الجودة الشاملة.

- تتجه معظم الجامعات إلى تأكيد إنجازات الفرد الواحد أكثر من الميل إلى جهود الفريق ككل، فما زالت بعض الجامعات تنظر إلى أي تحسين في الأداء على أنه ثمرة إنتاج فردي وليس جماعي، ولعل هذا يشير إلى أن الجامعات لم تصل بعد إلى تشجيع العمل الجماعي بالشكل المطلوب، ويتعارض هذا مع تطبيق الجودة الشاملة حيث تعطى الجودة أهمية كبيرة للعمل الجماعي والعمل بروح الفريق.

- وجود بعض المفاهيم والعبارات المتصلة بالجودة الشاملة والتي لا تتوافق مع ثقافة الجامعة وطبيعة العمل بها منها على سبيل المثال :

* العميل وإرضاؤه: من الأسس المهمة للجودة الشاملة إرضاء العملاء وتحقيق رغباتهم ومتطلباتهم، وقد يلاقي هذا المبدأ اعتراضا ومقاومة من العاملين بالتعليم الجامعي؛ نظرا لأن مصطلح " العميل Customer " مصطلحا تجاريا ماديا لا يمكن أن يعبر عن طبيعة العلاقة بين الطالب والمؤسسة التعليمية، كما أن هناك من يرى أن عبارة " إرضاء العميل " محكا محدودا، وغير مناسب لتقييم ما يحتاجه الطالب من متطلبات معرفية ومهارية بالجامعة.

* المراقبة/ التحكم/ تقليص البدائل: فمثل هذه المصطلحات أيضا قد تلاقي اعتراضا ملحوظا في المؤسسات الجامعية، لما قد توحي به من تقييد للأفراد أو الحد من حريتهم، والتحكم فيهم وعدم إتاحة الفرصة لهم للإبداع والتطوير.

* معايير الحكم على الجودة ليست نهائية أو محسومة ومعظم هذه المعايير تركز على مؤشرات كمية رقمية ونسب ومعدلات؛ في حين أن التعليم داخله تفاعلات وعناصر من الصعوبة تكميمها وقياسها أو معايرتها، كما أن داخل

العملية التعليمية قيمة مضافة تأتي من عوامل ومصادر متعددة وليس في الإمكان حسابها، ورصدها أو قياسها وإدراك مدى تأثيرها[1] .

- تمسك بعض العاملين بالجامعة ببعض القيم والآراء الإدارية والأكاديمية التي تعوق تنفيذ الجودة الشاملة، والخوف من التغيير ورفضه في بعض الأحيان.

هذا، وبالإضافة إلى المعوقات السابقة، تجدر الإشارة إلى أن السياق المجتمعي بما فيه من قيم وعادات ومشكلات له تأثيره البالغ على نجاح عمليات التغيير والتجديد في النظم المجتمعية المختلفة وبخاصة النظام التعليمي، وفي المجتمع المصري ما زال يسود النسق القيمي بعض القيم الموروثة التي تدعم السلبية واللامبالاة والرضا بالواقع الحالي، والخوف من التغيير وإيثار السلامة والبعد عن المغامرة، ومن ثم تصبح عملية رفض التغيير ومقاومته حالة عادية، ومما ساعد على تدعيم تلك السلبيات فقدان القدوة والتخبط في الفلسفات والتوجهات المختلفة؛ حتى أصبح السياق المجتمعي والتعليم الجامعي جزء منه يزخر بالعديد من المعوقات والإحباطات، ومع ذلك فإن هذا السياق ذاته لديه قوى الفعل والتغيير، من خلال زيادة الإيمان بقيمة الفرد وحريته ومنحه الفرصة لإدارة ذاته.

بعض الاعتبارات المجتمعية والإدارية والتعليمية :

والتي ينبغي مراعاتها في حالة تطبيق الجودة الشاملة في التعليم الجامعي.

من خلال العرض السابق لمفهوم الجودة الشاملة وأسسها، ومفهوم إدارة الجودة الشاملة ومتطلباتها وخطواتها. وفي ضوء ما تم التوصل إليه من معوقات ومحاذير، يمكن عرض مجموعة من الاعتبارات التي قد تسهم في نجاح تطبيق الجودة الشاملة في التعليم الجامعي المصري.

ومن أبرز تلك الاعتبارات :

---

(١) حسان محمد حسان ، " رؤية إنسانية لمفهوم " ضبط جودة التعليم " ، مجلة دراسات تربوية ، رابطة التربية الحديثة، القاهرة ، المجلد التاسع ، الجزء ٦٥ ، ١٩٩٤م ، ص ٥٠ .

- تنظيم برامج تدريبية للقيادات الجامعية وأعضاء هيئة التدريس والإداريين تتناول مفهوم الجودة الشاملة وأسسها، والمصطلحات المرتبطة بها، ومهارات إدارتها، وكذلك كيفية استخدام مدخل حل المشكلة في التطبيق، وذلك لتنمية معارفهم ومهاراتهم الوظيفية.
- إعادة النظر في الهيكل التنظيمي للجامعات؛ بحيث يتضمن الوظائف اللازمة لتطبيق الجودة الشاملة، ويتفادى التكرار والازدواج في المسؤوليات والسلطات، ويتميز بالمرونة والبساطة، ويؤدي إلى الاتصال الفعال في العمل، بما يساهم في تلبية متطلبات الجودة الشاملة.
- التأكيد على العلاقات الإنسانية بالجامعة، وتحسين مناخ العمل بها؛ من خلال إتاحة الفرصة لكل فرد للتعبير عن رأيه، والمشاركة في صنع القرارات المتعلقة به، والعمل على تنمية قيم العمل الجماعي، والتقويم الذاتي، وإزالة الخوف، وتهيئة البيئة المناسبة التي تشجع الأفراد على الابتكار والتجديد.
- العمل على إزالة المعوقات التي تحول دون تعاون الأقسام وترابطها، والمعوقات التي تحول دون تعاون الإدارة وهيئات التدريس والطلاب، ورفع كفاءة الخدمات التي تقدم لأعضاء هيئة التدريس والطلاب.
- زيادة التمويل الحكومي، والمجتمعي للتعليم الجامعي بالشكل الذي يسمح بالأخذ بفلسفة الجودة الشاملة، بحيث تتوفر الوسائل والأدوات والتجهيزات والاعتمادات المالية المطلوبة، ويمكن في هذا المجال الاستعانة ببعض مؤسسات الأعمال التي تستفيد من خدمات الجامعة.
- العمل على تنمية القيم والاتجاهات التي تتعلق بالجودة الشاملة، وعمليات تنفيذها لدى جميع العاملين بالجامعة، سواء الطلاب أو الإداريين أو أعضاء هيئة التدريس، ومن أبرز تلك القيم: التعاون، العمل بروح الفريق، المحافظة على الوقت، الرغبة في الابتكار والتجديد، التحسين المستمر، ويمكن أن

يتحقق ذلك من خلال وسائل متعددة مثل: الاجتماعات، والبرامج التدريبية.

- تكوين قاعدة بيانات دقيقة وشاملة وحديثة بالتعليم بالجامعي؛ بحيث تتضمن تلك القاعدة معلومات عن مختلف جوانب العمل بالتعليم الجامعي، كما تتضمن أيضا معلومات عن احتياجات قطاعات العمل المختلفة بالمجتمع.

- تعميق الارتباط بين الجامعة والمجتمع من خلال: صياغة وبناء مناهج التعليم الجامعي شكلا ومضمونا بما يكفل الارتباط بالبيئة والمجتمع المحيط، وحصر احتياجات سوق العمل من التعليم الأكاديمي والتطبيقي، وتصميم هياكل التعليم الجامعي ولوائحه بما يلبي تلك الاحتياجات.

- تقنين القوانين واللوائح التي صدرت بخصوص التعليم الجامعي؛ بحيث تصبح خالية من التعارض والتكرار، وصياغتها بأسلوب واضح وبسيط والاكتفاء بما يحقق الهدف المطلوب فقط.

- اختيار القيادات الجامعية في ضوء أسس واعتبارات موضوعية علمية وإدارية، وإعدادها بحيث تصبح تلك القيادات من العوامل التي تسهم في نجاح أي تغيير تربوي مفيد، وبحيث تساعد على توفير مناخ تنظيمي صحي يشجع على الابتكار والتجديد.

- وضع خطة للبعثات العلمية لأعضاء هيئة التدريس ومعاونيهم والكوادر الفنية والإدارية العاملة بالجامعة؛ للإطلاع على أحدث الاتجاهات العلمية في الدول المتقدمة في مجال الجودة الشاملة؛ والاستفادة منها في تطبيق نفس التجربة في التعليم الجامعي المصري.

- دراسة أحوال التعليم الثانوي العام على أسس علمية؛ للعمل على إصلاحه وتطويره وتوفير الإمكانات المادية والبشرية المطلوبة له؛ باعتباره الوسيلة التي تمد التعليم الجامعي بطلابه.

- تدريس مفاهيم وأسس الجودة الشاملة وتضمينها تدريجيا بمناهج التعليم الجامعي، وتشجيع الدراسة العلمي في هذا المجال سواء على المستوى الفردي أو الجماعي .
- الالتزام بالصدق والموضوعية في عرض الحقائق والبيانات المتعلقة بجوانب العمل المختلفة بالجامعة.
- ضرورة أن يكون التخطيط للتعليم الجامعي ولتطبيق الجودة الشاملة به، تخطيطا شاملا في ضوء احتياجات سوق العمل والمتغيرات في البيئة المحيطة.
- تقييم أعضاء هيئة التدريس سنويا من حيث جهدهم الدراسي كما ونوعا، ومشاركتهم في الندوات والمؤتمرات المحلية والأجنبية، واستيفائهم لمتطلبات الترقية في الوقت المناسب، ومستوى مؤلفاتهم ومدى تحديثها بما يتلاءم والمتغيرات المتلاحقة.
- ضرورة العمل على وضع معايير موضوعية – بقدر الإمكان – لقياس الجودة في التعليم الجامعي بحيث تكون هذه المعايير بمثابة المرشد أو الدليل في مجال التنفيذ.

وعلى المستوى المجتمعي يمكن استخدام وسائل الأعلام المختلفة مثل الجرائد اليومية والمجلات والإذاعة المرئية، وغير المرئية في نشر ـ الوعي بالجودة في جميع المجالات، والأعمال مهما كان نوعها واعتبار الجودة مسئولية كل مواطن يرغب في النهوض بمجتمعه، وفي هذا الإطار أيضا ينبغي الاهتمام بتكوين الإنسان المنتج الذي يتمسك بالقيم والمعتقدات الدينية والاجتماعية، والعمل على التخلص من السلوكيات السلبية التي انتشرت وزادت حدتها في هذه الآونة؛ وذلك لأن نجاحنا في تحقيق ما نستهدفه من إصلاح وتطوير يتوقف بالضرورة على نجاحنا في إعادة تشكيل الإنسان العربي المسلم، وفي غياب هذه النوعية من الأفراد في مواقع العمل، لا يمكن أن نحقق ما نصبوا إليه.

الدراسة الثانية

الجامعة المنتجة

وخصخصة التعليم الجامعي

- **الفصل الأول : مفهوم خصخصة التعليم الجامعي وأنماطها**
- **الفصل الثاني : مفهوم الجامعة المنتجة وأسسها وتخصصاتها**
- **الفصل الثالث : دور الجامعة المنتجة فى مواجهة خصخصة التعليم الجامعي**

الفصل الأول
مفهوم خصخصة التعليم الجامعي
وأنماطها

مقدمة :

تعيش البشرية اليوم عصرا له من السمات والخصائص ما لم يتسم بـه أي عصر من العصور السابقة، فقد اتسم هذا العصر بتغيرات مذهلة ومتلاحقة في شتى المجالات وعلى مختلف الأصعدة، ففي المجال السياسي تقلص دور الدولة، نظرا لظهور مجموعة من المؤسسات والمنظمات الأهلية غير الحكومية على الساحة السياسية العالمية، والتي أصبحت تلعب دورا فعالا في معالجة قضايا كثيرة مثل قضايا حقوق الإنسان، والسكان، والبيئة.

الأمر الذي أدى إلى وجود المجتمع المدني العالمي الذي أصبح يراقب نشاطات الدول وسياساتها في القضايا الاجتماعية والإنسانية [١] .

وفي مجال العلم والتكنولوجيا أصبح التزايد المعرفي مذهلا إلى الدرجة التي جعلت بعض الكتابات تعتبر أن كلمة "انفجار" هي أصدق تعبير عن هذا التزايد كما صاحب هذا الانفجار سرعة مذهلة في تطبيق نتائج العلم، وهو ما يسمى بالتكنولوجيا مما أسهم في تغيير معالم الحياة ووقعها بشكل كبير.

أما في المجال الاقتصادي فقد ظهرت بعض المستجدات والتطورات الاقتصادية من أبرزها الدور المتزايد للشركات عابرة القارات، والتي ليس لها هوية أو جنسية محددة، وليست تنتمي لدولة أو منطقة جغرافية معينة. وكذلك الاتجاه العالمي المتزايد نحو التحرير الكامل للتجارة العالمية التي دخلت مرحلة الانفتاح التام غير الخاضع للقيود أو التحكم، وذلك بعد توقيع اتفاقية الجات وقيام منظمة التجارة العالمية عام١٩٩٦م [٢] .

---

(١) عبد الخالق عبد الله ، " العولمة : جذورها وفروعها وكيفية التعامل معها "، مجلة عالم الفكر، الكويت، المجلس الوطني للثقافة والفنون والآداب، المجلد الثامن والعشرون، العدد الثاني، أكتوبر/ ديسمبر ١٩٩٩م، ص ٨٥ .

(٢) المرجع السابق، ص ٧١ .

هذا بالإضافة إلى انتشـار النمـوذج الاقتصادي الرأسمـالي الـذي كـان مـن أبـرز نتائجه تحرير الاقتصاد ونمو وانتشار القطاع الخاص أو نمـو وانتشار "الخصخصة" "Privatization" في معظم المجتمعات.

ولقد شهدت قضية الخصخصة اهتمامـا متزايدا منـذ أواخـر سبعينيات القرن العشرـين، فعلـى الصعيد النظري تزايـدت الأدبيـات التـي عالجـت الخصخصة، وأوضحت أهميتها في رفع كفـاءة واستغلال المـوارد بوجـه عـام، وتسـهيل عملية التنمية بوجه خاص.

أما علـى الصعيد العمـلي فقد قامـت كثير مـن الحكومـات بخصخصة بعـض الشركات، فعلى سبيل المثال قامت حكومة مارجريت تاتشر ـ المحافظـة في المملكة المتحدة بتحويل شركتي الاتصالات والغاز من القطاع العـام إلى القطاع الخاص في بداية ثمانينيات القرن العشرين[1].

ثم انتقلت الخصخصة بعد ذلك إلى الدول الأوربية الأخرى وبخاصة فرنسـا، ثم إلى الدول النامية كدول أمريكا اللاتينية ودول شرق آسيا.

وفي مجال التعليم شهدت عملية خصخصة التعلـيم الجامعي نمـوا ملحوظا في العديد من بلدان العالم خلال العقود الثلاثة الأخيرة مـن القـرن العشرـين، حيـث أصبحت مؤسسات التعليم الجامعي الخاص تحتل نسبة لا تقل عـن ٥٠% مـن مؤسسات التعليم العالي في بعض الدول مثل كوريا الجنوبية، والفلبين واليابان[2].

وفي مصر كان إسهام القطاع الخاص في عملية التنمية محدودا إلى درجـة كبيرة في الفترة التي تلت قيام ثورة ١٩٥٢م، وظل الوضع على ما هو عليه حتى

---

(١) يوسف خليفة اليوسف، " آفاق التخصصية في دولـة الإمـارات العربيـة المتحـدة "، مجلـة العلـوم الاجتماعيـة، الكويت، جامعة الكويت، المجلد ٢٥، العدد ٤، شتاء ١٩٩٧، ص ٣١ .

(٢) جاند هيالا ب. ج. تيلاك، " تخصيص التعليم العالي "، مجلة التربية الفصلية، مستقبليات، المجلد ٢١، العـدد ٢، مركز مطبوعات اليونسكو، القاهرة ١٩٩١، ص ٢٧٤ .

منتصف سبعينيات القرن العشرـين، حيـث اتجهت الحكومـة إلى تطبيـق مـا أطلق عليه "سياسة الانفتاح الاقتصادي" التي قامت على تشجيع القطاع الخـاص في جميع المجالات ومن بينها المجال التعليمي.

ومع بداية سياسة الانفتاح الاقتصادي ـ بدأت الفئات الاجتماعية القادرة ـ نتيجة لعدم رضائها عن التعليم في المدارس الحكومية ذات المستوى المتـدني ـ في العـدول عن إرسال أبنائهم إليها، وشرعـت في استحداث نظامها التعليمـي الخـاص الـذي يتناسب مع توجهاتها وطموحاتها، وكان من بين القنوات التعليميـة التـي طالبـت بها تلك الفئات الجامعة الخاصة [1]. ولقد تعرضت فكرة إنشـاء الجامعـة الخاصـة في مصر للظهور والاختفاء عدة مـرات، وارتبـط ذلك بمجموعة مـن العوامـل مـن أهمها النقد الموجه من قبل السلطة السياسية وأسـاتذة الجامعـات والخـبراء في مجال التعليم [2]. وظلت هذه الفكرة تثير الجدل والنقاش في مختلف الأوسـاط، وأبدت مجموعة كبيرة من الآراء معارضتها وتحفظاتها على إنشاء هـذه الجامعـة، وعلى الرغم مـن ذلك فقد صـدر القانون رقم ١٠١ لعـام ١٩٩٢م والـذي سمح بإنشاء أربع جامعات خاصة في مصر هي :

جامعة مصر الدولية .

جامعة مصر للعلوم والتكنولوجيا .

جامعة السادس من أكتوبر .

جامعة أكتوبر للآداب والعلوم الحديثة .

كما صدرت اللائحة التنفيذية لهذه الجامعات الأربع في ١٩٩٦/١١/٢٧م [3].

---

(١) عنتر لطفي محمد، " الجامعـات الخاصـة وتكافؤ الفرص التعليميـة في مصرـ دراسـة نقديـة "، مجلـة التربيـة المعاصرة ، القاهرة ، رابطة التربية الحديثة ، العدد التاسع والثلاثون ، السنة الثانية عشر ، نوفمبر ١٩٩٥ ، ص ٥٦

(٢) عمرو هاشم ربيع ، الجامعة الأهلية وإصلاح التعليم ، صحيفة الأهرام ، ١٩٩٠/١/١٩ ، ص ٤ .

(٣) حامد عمار، "الجامعات الخاصة في الميزان"، كتاب المحروسة (٣٨)، رابطـة التربية الحديثة، مركز المحروسة للبحوث والتدريب والنشر، القاهرة ١٩٩٩م، ص٧.

وعلى الرغم من صدور القانون السابق ولائحته التنفيذية، وبداية عمل بعض هذه الجامعات، إلا أن الكتابات التي تناولت هذه القضية لم تنقطع بل ازدادت.

وقد أشارت بعض هذه الكتابات إلى المشكلات التي ستترتب على وجود الجامعات الخاصة في مصر [1]، وأشار بعضها الآخر إلى أوجه الخلل والقصور التي تعاني منها هذه الجامعات في الواقع [2]. وقد دفع هذا بعض المهتمين إلى البحث عن بدائل أخرى يمكن من خلالها التغلب على مبررات إنشاء الجامعات الخاصة في

---

(١) من هذه الكتابات على سبيل المثال :

- سعيد إسماعيل على ، " لا لهذه الجامعة ", مجلة دراسات تربوية ، المجلد الثامن ، الجزء ( ٤٧ ) ، ١٩٩٢ ، ص ص ٢٩-٣٤ .
- سعيد إسماعيل على ، " مستقبل التعليم المصري في ظل الخصخصة " ،مجلة دراسات تربوية ، القاهرة ، رابطة التربية الحديثة ، المجلد ٨ ، الجزء ٥٢ ، ١٩٩٣، ص ص٣٠- ٣٩ .
- شبل بدران الغريب ، " الجامعات الخاصة : دعم للاستثمار أم للاستقرار الاجتماعي "، مجلة التربية المعاصرة ، السنة الرابعة عشر ، العدد ٤٦ ، أبريل ١٩٩٧ ، ص ص ٥- ٣٩ .
- عنتر لطفي محمد ، مرجع سبق ذكره ، ص ص ٥١- ٩٨ .
- حامد عمار ، الجامعة بين الرسالة والمؤسسة ، سلسلة دراسات في التربية والثقافة رقم ( ٤ ) ( القاهرة : مكتبة الدار العربية للكتاب ، ١٩٩٥ ) ، ص ص ٩٥- ١٠٢.
- عصام الدين هلال، " الجامعات المصرية الخاصة في إطار اللحظة التاريخية الراهنة " مجلة التربية المعاصرة ، السنة العاشرة ، العدد ٢٩ ، ديسمبر ١٩٩٣ ، ص ص ٦٩- ١٤٩ .

(٢) من هذه الكتابات على سبيل المثال :

- يونس ناصر ، " تقرير عن المؤتمر السابع للوزراء المسئولين عن التعليم العالي والبحث العلمي في الوطن العربي : المحور الخاص بمؤسسات التعليم العالي الخاصة"، المجلة العربية للتربية ، المنظمة العربية للتربية والثقافة والعلوم ، تونس ، المجلد التاسع عشر ، العدد الأول ، يونيو ١٩٩٩ ، ص ص ١٩،٢٠ .
- نادر فرجاني ، " التعليم العالي والتنمية في البلدان العربية " ، مجلة المستقبل العربي، بيروت ، مركز دراسات الوحدة العربية ، العدد ٢٣٧، نوفمبر ١٩٩٨ ، ص ص ٩٨-١٠١ .
- حامد عمار ، " الجامعات الخاصة في الميزان " ، مرجع سبق ذكره، ص ص ٩-١١ ، ص ص ١٨-١٩ .
- سعيد إسماعيل على ، التعليم على أبواب القرن الحادي والعشرين (القاهرة: عالم الكتب، ١٩٩٨) ، ص ٣٠ .
- محمد صديق حمادة ، " الجامعات الخاصة يمكن أن تكون نموذجا تعليما حضاريا ولكن !! " ، بحث مقدم إلى مؤتمر جامعة القاهرة لتطوير التعليم الجامعي: رؤية لجامعة المستقبل، ٢٢-٢٤ مايو ١٩٩٩، المجلد الأول، ص ٢٥٦.

مصر وأغراضها، بحيث لا يترتب على تطبيق هـذه البدائل المشكلات المرتبطـة بتلك الجامعات. ومن أبرز البدائل التي طرحت في هـذا المجال إعادة النظر في وضع الجامعات الحكومية، بحيث تصبح هذه الجامعات جامعات منتجة تلبي احتياجات المجتمع مـن الكوادر البشرية بالمواصفات المطلوبة، وتهتم بدراسة مشكلات المجتمع وتقدم الحلول المناسبة لها، وتشمل التخصصات التي تتمشى ـ مع التقدم العلمي والتكنولوجي، ولا تقتصر شروط القبول بها على مجرد مجموع درجات الطالب في الثانوية العامة، بل تتضمن إلى جانب ذلك شروط أخرى.

ولعل طرح فكرة " الجامعة المنتجة " كأحد البدائل للجامعات الخاصة في مصر ـ أثار العديد من التساؤلات من أهمها: ما مـدى إمكانيـة تنفيـذ هـذه الفكـرة في الجامعـات الحكوميـة؟ ومـا التصـور الـذي يمكـن أن تكـون عليـه عناصـر هـذه الجامعة؟ وإلى أي مـدى يمكـن أن تسـهم تلـك الجامعـة في التغلـب عـلى مبـررات وأغراض إنشاء الجامعات الخاصة في مصر؟ وغيرهـا مـن التسـاؤلات الأخـرى التـي سنحاول الإجابة عنها في صفحات هذا الكتاب.

بعض الدراسات السابقة في مجال خصخصة التعليم الجامعي والجامعة المنتجة:

اقتصرنا عـلى عـرض بعـض الدراسـات السـابقة ذات الصـلة المباشرة بالدراسـة الحالية، وتم تصنيف هذه الدراسات في محورين هما:-

المحور الأول:- دراسات تتعلق بخصخصة التعليم الجامعي.

ودراسات هذا المحور تم تقسيمها إلى:-

i. دراسات تعارض خصخصة التعليم الجامعي.

ii. دراسات تؤيد خصخصة التعليم الجامعي بضوابط معينة.

المحور الثاني:- دراسات تتعلق بالجامعة المنتجة.

ويمكن توضيح دراسات هذين المحورين على النحو التالي.

أولا:- دراسات المحور الأول.

أ-دراسات تعارض خصخصة التعليم الجامعي:-

من خلال مسح وتحليل هذه الدراسات [1] تبين للباحث أنها اهتمت بتحديد وتوضيح المعوقات والمشكلات المرتبطة بخصخصة التعليم الجامعي أو بوجود الجامعات الخاصة، وكان من أهم المشكلات التي توصلت إليها تلك الدراسات ما يلي:

- عدم توافر متطلبات إنشاء الجامعات الخاصة في مصر والتي من أهمها التمويل وأعضاء هيئة التدريس والمباني المناسبة والتجهيزات.
- التأثير السلبي على الجامعات الحكومية في العديد من الجوانب التي من أبرزها انتقال بعض أعضاء هيئة التدريس من الجامعات الحكومية إلى الجامعات الخاصة نظرا لارتفاع مرتباتها.
- تقويض المكتسبات الوطنية من مجانية التعليم.

---

(١) راجع:

- شبل بدران الغريب ، " الجامعة الأهلية بين الفكر الوطني والفكر التبعي " ، بحث مقدم إلى مؤتمر التعليم العالي في الوطن العربي : آفاق مستقبلية " ، ٨-١٠ يوليو ١٩٩٠ ، كلية التربية ، جامعة عين شمس ، القاهرة ، المجلد الأول ، ص ص ٩١-١٢١ .
- جابر محمود طلبة ، "خصخصة التعليم العالي في مصر وإنشاء الجامعات الخاصة: دراسة تحليلية لبعض عوامل الرفض والتأييد " ، بحث مقدم إلى المؤتمر السنوي التاسع لقسم أصول التربية ، مرجع سبق ذكره ، ص ص ١٠٩-٢٠٥.
- عصام الدين هلال ، مرجع سبق ذكره ، نفس الصفحات.
- عنتر لطفي محمد ، مرجع سبق ذكره ، ص ص ٥١ -٩٨

- Eddy , J. and others "Privatization of Higher Education Services", Higher Education, Vol. ٣٣, Jan ٩٧, pp, ٥٧٨-٥٩١.Marginson, Simon, "Pitfalls in the Privatization of Higher Education in Australia", comparative Higher Education Review, Vol. ٤١, Nov ١٩٩٧, pp, ٤٦٠ - ٤٨٠.

- إهـدار مبـدأ تكـافؤ الفرص التعليميـة، نظـرا لتبـاين البيئـات التعليميـة بالجامعات الخاصة عـن الجامعـات الحكومية. كـما أن التوسـع في إنشاء الجامعات الخاصة وتزايد الإقبـال عليهـا سـوف يجعل مـن العامل المـادي محورا أساسيا للتمايز بين أفراد المجتمع، وبالتالي سيدعم التمايـز الطبقـي والفوارق بين الطبقات.
- إفساح المجال للطلاب ذوي القدرات العقلية المحدودة والتحصيل المنخفض للحصول على شهادات علمية عالية، وفي ضـوء مـا لـدى هؤلاء الطلاب مـن قدرات مادية وسـلطة من المتوقع أن يتولـوا المناصب العليا وإدارة شئون المجتمع. وهذا يعني أن قيادة المجتمع المصري مسـتقبلا ستكون لفئـة مـن الأفراد يفتقدون لكثير من مقومات القيادة في هذا العصر.
- ارتفاع الرسوم التي يدفعها الطلاب في الجامعات الخاصة.
- تدخل التمويل الأجنبي - أيا كان مصدره - في مجـال التعليم لـه خطورتـه على الأمن القومي، لأن المستثمر سيقف بالضرورة على اتجاه حركة أموالـه واستثماراته للاطمئنان على أهدافه الربحية وغـير الربحيـة. مـما يمكن هذا الشريك الأجنبي من الإطلاع على كل ما يهمه من المشروعات التي يسـاهم فيها، الأمر الذي يمثل خطورة غير منظورة عـلى الأمـن القـومي المصري، ولا سيما إذا كان النشاط يتعلق بالقوى البشرية وإعدادها لخدمة المجتمع. كـما أن التمـويل الخارجي يعني وجـود خـبراء مـن جانـب الممـولين يعملـون في الجامعات الخاصة، ويعني أيضا بحوثا مشتركة، وقد يكون في ذلك خطورة إن اتصل الأمر بإحصاءات ومعلومات وبيانات قومية.
- اختصاص أبناء القادرين ماديا بفرص التعليم العـالي، بينمـا لا تتاح هـذه الفرص لأبنـاء غـير القـادرين ماديـا، حتى إن تسـاووا في مجموع درجـات النجاح بالثانوية العامة. وسوف يزرع هذا التمييز الحقد في النفوس، ويولد العداوة والبغضاء بين أفراد المجتمع الواحد، وفي هذا تأثير على السلام

- الاجتماعي والوحدة الوطنية، وتناقض مع ديمقراطية التعليم الجامعي كأحد مقومات الأمن القومي.

- يمكن أن تستخدم الجامعات الخاصة كذريعة لتحويل الطلاب الذين التحقوا بكليات مثل الطب والصيدلة والهندسة في الجامعات الأجنبية إلى الجامعات المصرية الخاصة دون أن يعترض أحد، وذلك لأن الجامعة الخاصة جامعة غير حكومية وغير خاضعة لقانون تنظيم الجامعات الذي يمنع تحويل الطلاب من الجامعات الأجنبية إلى الجامعات المصرية الحكومية.

ب- دراسات تؤيد خصخصة التعليم الجامعي بضوابط معينة :

أيدت هذه الدراسات [1] وجود الجامعات الخاصة ولكن بضوابط معينة يمكن أن ترشد - من وجهة نظرها - هذا التوجه وتتغلب على سلبياته، ومن خلال مسح وتحليل دراسات هذا المحور تم التعرف على هذه الضوابط، وكان من أبرزها:-

- إنشاء الجامعات الخاصة في مناطق قليلة السكان وبصفة خاصة في المدن الجديدة والمناطق التي تحتاج إلى جهود تنموية.

---

(١) راجع:

- جمال على الدهشان ، " إنشاء جامعة خاصة في مصر- بين التأييد والرفض " مجلة البحوث النفسية والتربوية ، كلية التربية ، جامعة المنوفية ، السنة الثامنة ، العدد الخامس ، ١٩٩٢ ، ص ص ٥٩ ـ ٨١ .

- محمد إبراهيم الشطلاوي ، " الجامعة الأهلية بين المؤيدين والمعارضين في الأهرام الاقتصادي "، بحث مقدم إلى المؤتمر السنوي التاسع لقسم أصول التربية ، كلية التربية ، جامعة المنصورة، التعليم العالي بين الجهود الحكومية والأهلية في الفترة من ٢٢-٢٣ ديسمبر ١٩٩٢م ، ص ص ٢٣-٤٩

- تودري مرقص حنا، "موقف الرأي العام من إنشاء الجامعات الخاصة من مصر" ، بحث مقدم إلى المؤتمر السنوي التاسع لقسم أصول التربية ، مرجع سبق ذكره ، ص ص ٥١- ١٠٨

- سامية السعيد بغاغو ، "رؤية مستقبلية للجامعات الخاصة في مصر"، مجلة التربية المعاصرة ، السنة الحادية عشر ، العدد الحادي والثلاثون ، مارس ١٩٩٤م ، ص ص ٧- ٥٦

- Jerry D.and others , "Privatizing University Properties" , Planning for Higher Education, Vol. ٢٤, Summer ١٩٩٦, pp, ١٨-٢٢.

- ألا تقتصر شروط قبول الطلاب بالجامعات الخاصة على مقدار مـا يدفعـه الطالب من مال، وإنما يجب مراعـاة المستوى العلمـي للطلاب المتقدمين للالتحاق بالجامعة، ويتطلب هذا مراعاة ما يلي:-

١. أن يكون هناك حد أدنى للقبول بكليات الجامعة الخاصة، ويفضـل أن يكون قبول الطلاب بفارق ٥ % فقـط مـن مجمـوع القبـول بالكليـات المناظرة في الجامعات الحكومية.

٢. عقـد اختبـارات تقـيس قـدرات الطـلاب لتحديـد التخصصـات التـي تتناسب معهم.

- ألا يبدأ العمل بالجامعة الخاصة قبل تـوافر الإمكانيـات الماديـة والبشـرية اللازمة لهـا، ومـن الضـروري أن تمتلك هـذه الجامعـات أحـدث الأجهـزة والتكنولوجيا، وأن تكون ذات إمكانات تمكنها من تحقيـق التطـور العلمـي المنشود.

- ضرورة إشراف الدولة على الجامعات الخاصة ويتطلب هـذا مجموعـة مـن الإجراءات من أهمها:-

١. إنشاء مجلس علمي على أعلى مستوى لإعتماد شهادات هذه الجامعـات قبل التصريح بإنشائها، وقبل الاعتراف بشهاداتها.

٢. إصدار قرار يعطي الحق للمجلس الأعلى للجامعـات لمتابعـة الجامعـات الخاصة، خاصة المستوى العلمي للقائمين بالتدريس ومحتوى المقررات، وعدد الساعات التي تدرس والامتحانات، والمصروفات الدراسية.

٣. تعيـين أسـتاذ أو أكـثر في الجامعـات الخاصة عـلى نفقـة وزارة التعلـيم العالي.

- ألا يسمح لرأس المال الأجنبي بالتدخل كعنصرـ أسـاسي لتمويـل الجامعـة الخاصة.

- أن تكون التخصصات التي تشملها الجامعة الخاصة حديثة ومختلفة عـن تخصصـات الجامعـات الحكوميـة، وأن تـرتبط هـذه التخصصـات بخطـط التنمية وباحتياجات المجتمع المستقبلية.
- تخصيص نسبة معنية مـن الأمـاكن المجانيـة في الجامعـة الخاصة للطـلاب الفقراء المتفوقين، بما يسـهم في تطـوير وتحسـين نوعيـة الطلاب الملتحقـين بالجامعة.
- وضع ضوابط للاتصالات الخارجية للجامعات الخاصة بما يضمن أمن مصر.
- التأكد من أن هذه الجامعات تـدعم مواطنـة الطالـب مـن خـلال مراجعة أهدافها ومناهجها.
- ألا تشارك هذه الجامعات في أية أعمـال استثمارية في غـير مجـال التعليم العالي.
- أن تستخدم الجامعة الخاصة الأساليب الإدارية الحديثة في تسجيل الطلاب ومتابعتهم وتقييمهم.
- ألا تقتصر هذه الجامعات على الانتدابات بالنسبة لأعضاء هيئة التـدريس، ولكن لابد من إعداد خطـة زمنيـة دقيقـة لتأهيـل عـدد مـن الخريجين في الداخل والخارج وخصوصا في التخصصات الحديثة.
- إجراء دراسات تقويمية للجامعة الخاصة أولا بأول.
- وضع ضوابط لضمان مشاركة خريجي الجامعات الخاصة في خريطة العمـل الوطني بمصر، والاستفادة من تخصصاتهم التـي لا نظـير لهـا في الجامعـات الحكومية.
- ألا تلتزم الدولة بتعيين خريجي الجامعات الخاصة.

ثانيا:- دراسات المحور الثاني :

ركزت هذه الدراسات على فكرة الجامعة المنتجة كاتجاه حديث يمكن أن يسـهم في التغلب على بعض مشكلات التعليم الجامعي، ومن ثم يعمل على تطويره.

ونظرا للارتباط القوي بين دراسات هذا المحور والدراسة الحالية سوف نتناول كل دراسة على حدة حتى يتسنى توضيح ما ناقشته تلك الدراسات بشيء من التفصيل.

- دراسة " عبد الإله الخشاب ومجذاب بدر العناد، ١٩٩٦" [(١)].

استهدفت هذه الدراسة تحديد فلسفة الجامعة المنتجة ودورها ومجالاتها، ومن خلال استخدام المنهج الوصفى توصلت الدراسة إلى أن الجامعة المنتجة لا تعني تحول الجامعة إلى القيام بنشاطات تجارية أو إنتاجية تبعدها عن مهامها الأساسية، بل إن هذه الأنشطة مرتبطة بمهام الجامعة وناتجة عنها، كما أن الجامعة المنتجة ترتبط ارتباطا وثيقا بالمجتمع وتشارك مشاركة فعالة في تلبية احتياجاته وتقديم الخدمات المختلفة لأفراده.

وأوضحت الدراسة أن دور الجامعة المنتجة يتضمن جوانب كثيرة منها إعداد الخريجين بالمواصفات المتوقعة وبالشكل الذي يساعدهم على أداء دورهم في مجال العمل، وتوسيع برامج التعليم المستمر والتدريب.

ثم عرضت الدراسة بعض مجالات الجامعة المنتجة وهي البحث العلمي والنشاطات الإنتاجية.

هذا وقد توصلت الدراسة إلى بعض الاستنتاجات منها أن هذا التوجه في معظم الجامعات العربية لم يبلغ بعد المستوى المطلوب، إذ لم تهتم هذه الجامعات حتى الآن بتطوير التفاعل مع المجتمع، مما أبقى مساهمتها في متابعة نتائج الثورة العلمية التقنية التي يشهدها العالم حاليا محدودة نسبيا.

---

(١) عبد الإله الخشاب ، مجذاب بدر العناد ، " الجامعة المنتجة : الفلسفة والوسائل " ، مجلة اتحاد الجامعات العربية ، الأمانة العامة لاتحاد الجامعات العربية ، العدد ( ٣ )، يناير ١٩٩٦م، ص ص ٧-٢٣ .

- دراسة " أحمد صيداوي، ١٩٩٦" [(١)] :

كان الهدف من هذه الدراسة هو عرض وتوضيح مجموعة من الاتجاهات والتوجهات الإصلاحية في التعليم العالي تسهم في التغلب على ما تعانيه مؤسساته عامة والجامعات خاصة من مشكلات وتحديات.

ولتوضيح هذه الاتجاهات والتوجهات عرض الباحث محورين للإصلاح، المحور الأول هو الإصلاح المؤسسي- وتعرض فيه الباحث لنماذج متعددة من الصيغ الجامعية التي يمكن تطبيقها مثل: الجامعات القومية، الجامعات المنتجة، الجامعة الممنوحة أراضيها، الجامعة المفتوحة.

والمحور الثاني أوضح فيه كيفية إصلاح وتطوير مراحل الدراسات الجامعية الأولى ومراحل الدراسات الجامعية العليا.

هذا، وقد حدد في عرضه لنموذج الجامعة المنتجة: مفهومها، وبعض الفوائد التي يمكن أن تتحقق من خلال تطبيق هذا النموذج كان من أبرزها تآخي التعليم والبحث العلمي وخدمة المجتمع تآخيا طبيعيا وثيقا، وحصول الجامعة المنتجة على أجور نظير تقديم خدمات مجتمعية يقوم بها موظفوها وطلابها.

- دراسة " ميستر ريكارد، ١٩٩٨" [(٢)] :

سعت هذه الدراسة إلى تقويم الجهود التي تقوم بها جامعة ديبول في شيكاغو لتحقيق الارتباط الفعال بين الجامعة والمجتمع. ولتحقيق هذا الهدف اختارت الدراسة ثلاث مجالات تقدم الجامعة من خلالها خدماتها للمجتمع، وهذه المجالات

---

(١) أحمد صيداوي ، " إتجاهات وتوجهات إصلاحية في التعليم العالي " ، المجلة العربية للتعليم العالي ، المنظمة العربية للتربية والثقافة والعلوم ، تونس ، العدد ٢٢، ديسمبر ١٩٩٦ ، ص ص ٧٦-١١٩ .

(٢) Meister, Richard, J ., " Engagement with society at Depaul University " , Liberal Education ,vol .٨٤ , NO ٤, Fall ١٩٩٨,PP ,٥٦ -٦١ .

هي: الخدمات التعليمية، التدريب التحويلي، البحوث التطبيقية، ومـن خـلال تحليل جهود الجامعة في كل مـن هـذه المجـالات توصلت الدراسـة إلى أن جامعـة ديبول تسهم بمستوى مرتفع في مجالي الخدمات التعليمية والتدريب التحويلي، أما بالنسبة لمجال البحوث التطبيقية فقد كان مستوى إسهام الجامعة فيـه أقـل مـن المجالين الآخرين.

وتوصلت الدراسة إلى مجموعة من المعوقات التي تعـوق الارتبـاط الفعـال بـين الجامعة والمجتمع كان من أهمها: تقليدية البرامج الجامعية، وضعف ثقة المجتمـع في قدرة الجامعـة عـلى حـل مشـكلاته، وغيـاب التنسـيق بـين احتياجـات المجتمـع البشرية وشروط قبول الطلاب بالجامعة.

- دراسة " جامسون وآخرون ١٩٩٨" [١] :

حاولت هذه الدراسة  تحديد الدور الذي ينبغي أن تقوم بـه الجامعـة لتحقيق الارتباط بالمجتمع، وتناولت الدراسـة ثـلاث مجـالات تعـبر عـن هـذا الـدور هـي: الخدمات الطلابية، والخدمات التعليمية،  والخدمات العامة.

وحددت الدراسة الأنشطة والجهود التي ينبغي أن تقدمها الجامعة في المجـالات الثلاثـة السـابقة، وتوصـلت إلى أن مـن أهـم العوامـل التـي تسـاعد عـلى تحقيـق الارتباط الفعـال بين الجامعـة والمجتمـع تلبيـة الجامعـة لاحتياجـات المجتمـع مـن الأفراد بالشروط والمواصفات المرجوة، وإدراك المجتمع لاحتياجات الجامعة خاصـة الاحتياجات المادية، وإسهامه في تلبية تلك الاحتياجات.

(١) Gamson, z.  and others, " The university in Engagement with society ", Liberal Education, vol.

٨٤, NO. ٢, sept.  ١٩٩٨ ,PP, ٢٠-٢٥

تعقيب على الدراسات السابقة :

من خلال استقراء دراسات المحور الأول، تبين أن الدراسات التي عارضت خصخصة التعليم الجامعي استندت في معارضتها على مجموعة من المشكلات ستترتب على وجود الجامعات الخاصة، وهذه المشكلات سيكون لها آثارها السلبية على معظم مجالات المجتمع، وبالتالي فمن وجهة نظر هذه الدراسات يمكن أن تطرح خصخصة التعليم الجامعي من المشكلات أكثر مما تحل منها.

أما الدراسات التي أيدت خصخصة التعليم الجامعي بضوابط معينة، فهذه الدراسات ترى أن الالتزام بالضوابط التي وضعتها يضمن أن تكون الجامعات الخاصة نموذجا تعليميا ناجحا يسهم في حل كثير من مشكلات التعليم الجامعي.

والدراسة الحالية تتشكك في إمكانية تنفيذ هذه الضوابط في ظل المناخ السائد في المجتمع، وفي ظل طبيعة القطاع الخاص الرأسمالي وأهدافه.

وعلى ذلك فالدراسة الحالية تتفق مع الدراسات التي عارضت وجود الجامعات الخاصة، بمعنى أنها تعترض على أن يقوم القطاع الخاص بإدارة وتمويل جامعات خاصة به دون اشتراك الدولة أو القطاع العام، وفي نفس الوقت ترى هذه الدراسة أنه لا مانع من وجود أنماط أخرى من التعليم الجامعي الخاص يشترك في تمويلها وإدارتها القطاع الخاص والقطاع العام، وتتفق هذه الأنماط من التعليم مع نمط الخصخصة المعتدلة والذي سبقت الإشارة إليه من قبل.

وبخصوص دراسات المحور الثاني والتي تناولت موضوع الجامعة المنتجة، يمكن القول بأن الدراستين العربيتين ركزتا بشكل عام على توضيح مفهوم الجامعة المنتجة وأدوارها والفوائد التي يمكن أن تتحقق من خلال تطبيقها، أما الدراستان الأجنبيتان فركزتا على طبيعة وأبعاد المهام التي ينبغي أن تقوم بها الجامعة لتحقيق الارتباط الفعال بالمجتمع، والعوامل المؤثرة على أداء هذه المهام، باعتبار أن ذلك من أهم أدوار الجامعة المنتجة.

ولتوضيح أوجه الاختلاف بين الدراسة الحالية والدراسات التي تناولت الجامعة المنتجة، خاصة الدراستين العربيتين، يمكن القول بأن الدراسة الحالية ستتعرض بالدراسة والتحليل لمجموعة من النقاط لم تعالجها هذه الدراسات، ومن أبرز هذه النقاط ما يلي:-

- الأسس التي تنطلق منها الجامعة المنتجة.
- وظائف الجامعة المنتجة ومضمون كل منها.
- التخصصات التي ينبغي أن تشملها الجامعة المنتجة.
- شروط قبول الطلاب بالجامعة المنتجة.
- الدور الذي يمكن أن تسهم به الجامعة المنتجة في تحقيق أغراض خصخصة التعليم الجامعي.

هذا، بالإضافة إلى أن الدراسة الحالية ستتناول الجامعة المنتجة كبديل لخصخصة التعليم الجامعي في ، وقد يتطلب هذا إجراء العديد من التعديلات والإضافات في العناصر المختلفة لهذه الجامعة سواء في وظائفها أو تخصصاتها أو شروط القبول بها، وذلك حتى تحقق الجامعة المنتجة دورها المتوقع في معالجة بعض مشكلات الجامعات الحكومية، ومن ثم تسهم بصورة فعالة في تحقيق أغراض خصخصة التعليم الجامعي.

الفصل الثاني
مفهوم الجامعة المنتجة
(أسسها وتخصصاتها)

مفهوم خصخصة التعليم الجامعي :

يعتبر مصطلح "الخصخصة" من المصطلحات الحديثة نسبيا حيث لم يصبح شائعا إلا في أواخر سبعينيات القرن العشرين. وقد تعددت الكلمات التي استخدمت لترجمة كلمة Privatization، حيث أطلق عليها كلمة الخوصصة، والاستخصاص، والمخصصة، والتخصيص، والخصخصة [1]. ونحن نفضل كلمة الخصخصة ولذا سنلتزم بها في دراستنا الحالية.

أما بخصوص مفهوم الخصخصة فقد تم استقراء مجموعة من الدراسات والبحوث والكتابات [2] التي تناولت هذه القضية، وتوصلنا إلى أن مفهوم الخصخصة يتضمن مجموعة من العناصر والممارسات من أبرزها:

- السماح للقطاع الخاص بإدارة وتمويل المشروعات الاقتصادية الإنتاجية بما يتوافق مع آليات ومتطلبات السوق وخدمة المستهلك.
- تحويل الخدمات التي تقوم بها المؤسسات العامة إلى القطاع الخاص.
- إجراء تغييرات قانونية واقتصادية، وتوفير المناخ الذي يسمح للقطاع الخاص بتحقيق أهدافه في المؤسسات التي سيديرها ويمولها.
- إتباع أساليب عمل وطرق جديدة تهتم في المقام الأول بالمنافسة وتلبية احتياجات السوق.

---

(١) سامية السعيد بفاغو، مرجع سبق ذكره، ص ٣٦ .

(٢) انظر على سبيل المثال:

- عنتر لطفي محمد ، مرجع سبق ذكره .
- جابر محمود طلبة ، مرجع سبق ذكره .
- عصام الدين طلال ، مرجع سبق ذكره .
- شبل بدران الغريب ، " الجامعات الخاصة دعم للاستثمار، أم للاستقرار الاجتماعي "، مرجع سبق ذكره .
- حامد عمار ، " الجامعات الخاصة في الميزان " ، مرجع سبق ذكره.

وفي ضوء هذه النقاط يمكن تحديد مفهوم الخصخصة في هذه الدراسة بأنه: العملية التي بموجبها يتمكن القطاع الخاص من إدارة وتمويل المؤسسات العامة الصناعية أو التجارية أو الخدمية رغبة في تحقيق مجموعة من الأهداف من أبرزها تحقيق ربح وعائد مالي.

وتمشيا مع المعنى السابق للخصخصة يمكن تحديد مفهوم خصخصة التعليم الجامعي في هذه الدراسة بأنها: قيام القطاع الخاص بتمويل وإدارة مؤسسات جامعية لتحقيق مجموعة من الأهداف من أبرزها تحقيق ربح وعائد مالي وذلك وفقا للقوانين واللوائح المنظمة لذلك.


أنماط خصخصة التعليم العالي والجامعي والمؤسسات التي تمثلها :

تتعدد أنماط خصخصة التعليم العالي والجامعي ما بين خصخصة قصوى وخصخصة معتدلة وخصخصة مرغوبة، وسنبين في هذه الجزئية خصائص كل نمط والمؤسسات التعليمية التي تمثله، ثم نوضح نمط الخصخصة المقصود في دراستنا الحالية.

ويمكن تقسيم أنماط خصخصة التعليم العالي والجامعي إلى ثلاثة أنماط هي:


<u>نمط الخصخصة القصوى :</u>

في هذا النمط من الخصخصة يتولى القطاع الخاص إدارة وتمويل مؤسسات التعليم العالي من كليات وجامعات خاصة دون أي إعانة أو تدخل من الدولة، ويرى البعض أن هذا النمط من المؤسسات الخاصة كليا وغير المعانة يسهم في التخفيف من العبء المالي الذي تتحمله الدولة حيال التعليم العالي، ولكن كلفة هذه المؤسسات الاقتصادية وغير الاقتصادية على المجتمع باهظة على المدى

الطويل[1]، وتعد الجامعات الخاصة في مصر والتي سمح القانون رقم ١٠١ لسنة ١٩٩٢م بإنشائها مثالا على نمط الخصخصة القصوى وهو النمط الذي نقصده في دراستنا الحالية.

## نمط الخصخصة المعتدلة :

في هذا النمط من الخصخصة تتولى الدولة مسؤولية تمويل مؤسسات التعليم العالي بشكل شبه كامل بحيث تغطي نفقاتها على وجه التقريب على الرغم من نشأة هذه المؤسسات على يد جهات أهلية، وعلى الرغم من أن القطاع الخاص هو الذي يتولى إداراتها. ومن المؤسسات التي تمثل نمط الخصخصة المعتدلة في مصر ـ المعهد العالي للتكنولوجيا (خاص بمصروفات) المعهد الدولي للسياحة والفنادق (خاص بمصروفات)، المعاهد العليا الخاصة بمصروفات مثل معهد الخدمة الاجتماعية والمعاهد التجارية.

## نمط الخصخصة المرغوبة:

يعني هذا النمط الخصوصية أكثر من الخصخصة، وفيه تتولى الدولة مسؤولية إنشاء وإدارة وتمويل مؤسسات التعليم العالي، وتلجأ في الوقت نفسه – ضمن

---

(١) انظر على سبيل المثال :

- نادر فرجاني ، مرجع سبق ذكره ، ص ١٠١ .
- حامد عمار ، " الجامعات الخاصة في الميزان " ، مرجع سبق ذكره ، ص ١٠١ .
- سعيد إسماعيل علي ، " لا .. لهذه الجامعة " ، مرجع سبق ذكره ، ص ص ٣٣ ، ٣٤ .
- أنطون رحمة ، " اقتصاديات التعليم العالي العربي لمواجهة تحديات مطلع القرن الحادي والعشرين " ، بحث مقدم إلى مؤتمر التعليم العالي العربي وتحديات مطلع القرن الحادي والعشرين، ١٧-٢٠ إبريل ١٩٩٤، قسم أصول التربية، كلية التربية، جامعة الكويت، ص ص ٥٦٢ – ٥٦٤.
- عنتر لطفي محمد، مرجع سبق ذكره ، ص ٩٠ .
- عدنان الأحمد، "التمويل العام والخاص للتعليم العالي: استراتيجية مقترحة"، بحث مقدم للمؤتمر العلمي المرافق للدورة الثالثة والثلاثين لمجلس اتحاد الجامعات العربية، ١٧ – ١٩ إبريل ٢٠٠٠م، بيروت، ص ١٥.

حدود معقولة ومقبولة - إلى الترحيب بمصادر التمويل الخاصة أو الأهلية من منطلق أن التعليم العالي هو خدمة تقوم بها جهات ومؤسسات رسمية لصالح واستفادة فئات وقطاعات أهلية داخل نسيج المجتمع الواحد، وبالتالي فمن المرغوب فيه ألا تتحمل الدولة وحدها كامل تمويل التعليم ومن الضروري أن تشارك هذه الفئات والقطاعات في تحمل جزء ولو بسيط من هذا التمويل دون إجبار أو إكراه [١].

ومن أبرز الأمثلة على هذا النمط من الخصخصة ما حدث من تكاتف المصريين حيال إنشاء الجامعة الأهلية الوطنية عام (١٩٠٨).

هذا، والدراسة الحالية لا تعترض على نمط الخصخصة المعتدلة، ونمط الخصخصة المرغوبة، بل تؤيد هذين النمطين وترى أنه قد تكون هناك ضرورات مجتمعية تدعو إلى وجودهما، بينما تعترض على نمط الخصخصة القصوى وترى إن المشكلات التي ستترتب على وجود هذا النمط أكثر من الفوائد التي ستتحقق من خلاله.

- مبررات خصخصة التعليم الجامعي وأغراضها ومدى إمكانية تحقيقها من خلال الجامعات الخاصة :

لن نناقش هنا كل المبررات والأغراض التي يستند إليها مؤيدو خصخصة التعليم الجامعي، بل سنتعرض لنماذج منها فقط لنبين المؤشرات التي توضح أن هذه الأغراض لن تتحقق من خلال الجامعات الخاصة. ويمكن توضيح ذلك على النحو التالي :

أ - بعض مبررات وأغراض خصخصة التعليم الجامعي:

- إن التعليم الجامعي الخاص موجود في المجتمعات المتقدمة وناجح ويؤدي دوره إلى جانب التعليم الجامعي الحكومي، وأن الاتجاه إلى خصخصة التعليم اتجاه عالمي ينبغي أن نأخذ به في تعليمنا، وأن بعض مؤسسات

---

(١) عبد الإله الخشاب ومجذاب بدر العناد، مرجع سبق ذكره، ص ٨.

التعليم الجامعي الخاص موجودة بالفعل عندنا مثل الجامعة الأمريكية والمعاهد العليا الخاصة فلماذا لا نرشد هذا الاتجاه؟

- إن الجامعات الخاصة يمكنها تقديم تعليم جامعي جيد يعتمد على التكنولوجيا الحديثة، ويمكنها تلبية حاجة المجتمع من التخصصات العلمية الحديثة غير المتوافرة في الجامعات الحكومية، وذلك لمرونة تمويل التعليم الجامعي الخاص. وبالتالي فالجامعات الخاصة ستكون جامعات للمستقبل وللمتميزين ذهنيا وعلميا وليس للفاشلين.

- استيعاب أبناء الدول العربية الراغبين في الدراسة الجامعية خارج بلادهم، بعد أن تراجع إقبالهم في السنوات الأخيرة نظرا لتدهور مستوى التعليم في الجامعات المصرية، ومن ثم يتعين إعادة استيعابهم والاستفادة من المقابل المادي الذي يدفعونه بدلا من تحوله إلى الجامعات الأوروبية <sup>(١)</sup>.

- إنشاء الجامعات الخاصة سوف يؤدي إلى استيعاب أبناء القادرين ماديا والذين يرغبون في دراسة بعض التخصصات التي لا توفرها لهم الجامعات الحكومية، إما لعدم وجودها أو لأن مجموع درجاتهم في الثانوية العامة لا يمكنهم من الالتحاق بها. وسيترتب على هذا توفير كم كبير من العملة الصعبة التي كانت تنفق لاستكمال الطلبة لتعليمهم في الجامعات الأوروبية، ويمكن الاستفادة من هذه العملة في الإنفاق على التعليم في مصر- كما أن قبول الطلاب القادرين ماديا في الجامعات الخاصة سيؤدي إلى توفير أماكن بالجامعات الحكومية لغير القادرين ماديا من أبناء المجتمع.

- التعليم الجامعي الخاص سيستجيب على نحو أسرع وأفضل لمطالب السوق، لتقديمه تعليم ملائم ومتميز يلبي حاجات الفرد والمجتمع <sup>(٢)</sup>.

---

(١) أحمد صيداوي، مرجع سبق ذكره، ص ٩١.

(٢) المرجع السابق، ص ٨٤.

- وجود التعليم الجامعي الخاص سيؤدي إلى إشاعة روح التنافس بين مؤسسات التعليم الجامعي باستخدام أساليب تعليمية متطورة وتبني نماذج تعليمية حديثة.

ب - مدى إمكانية تحقيق المبررات والأغراض السابقة من خلال وجود الجامعات الخاصة :

- بالنسبة للقول بأن التعليم الجامعي الخاص منتشر ـ في الدول المتقدمة وناجح، وينبغي أن نستجيب لهذا الاتجاه مثل تلك الدول لتحقيق نفس النجاح الذي حققته. يمكن القول بأن هناك اختلافا بين ظروف تلك الدول وظروف المجتمع المصري، كما أن طبيعة التعليم الجامعي الخاص في هذه الدول تختلف عن طبيعته في مصر؛ ففي الولايات المتحدة الأمريكية يشترك كل من التعليم الجامعي الخاص والحكومي ـ نتيجة تاريخ تطوري طويل في المجتمع ـ في الأهداف والأساليب والقيم التي تحكمهما؛ فمؤسسات التعليم الجامعي خاصة كانت أو حكومية تنتمي عضويا إلى المجتمع الذي تقوم فيه، كما أن مؤسسات التعليم الجامعي أو العالي الخاصة في الولايات المتحدة الأمريكية، تلعب في الواقع دورا أهم نسبيا من تلك الحكومية في البحث المتقدم وفي الحفاظ على المعايير الأكاديمية الراقية، وهي أمور مكلفة جدا، حيث لا يمكن لمؤسسات التعليم الجامعي الخاصة الراقية وهي كلها غير ربحية أن تتحمل تكلفة هذا التميز. ولذلك فإن مؤسسات التعليم الجامعي الخاص في الولايات المتحدة الأمريكية تبقى معتمدة على دعم الدولة، وبخاصة " لتمويل الدراسات العليا والبحث العلمي، وعلى وجه الخصوص البحث الأساسي الذي لا يهتم قطاع الأعمال بدعمه في معظم الأحيان"[1].

_____

(١) محمد عزت الموجود، "الصورة في جامعات الخليج ولماذا التعاون بين القطاع الخاص ومؤسسات التعليم العالي والبحث العلمي"، رسالة الخليج العربي، الرياض، السنة الخامسة عشرة، العدد الثاني والخمسون، ١٩٩٤م، ص ١٠٢.

وتضطر مؤسسات التعليم الجامعي الخاصة الراقية التي تكتفي برسوم الدراسة فيها في الولايات المتحدة الأمريكية إلى أن تبذل جهودا ضخمة للحفاظ على مستوى مرتفع من التدريس لطلبتها، فتنأى عن البرامج المكلفة في العلوم والدراسات العليا والبحث المتطور، وتقدم مساعدات مالية لأكثر من ٦٠٪ من الطلبة الملتحقين بها، ويتخرج حوالي نصف هؤلاء الطلبة وعليهم ديون تعليمهم. ولذلك تسود مقولة الآن في الغرب أن " خصخصة التعليم قد بلغت نهايتها " بمعنى ضرورة التوسع في المساعدات المالية للطلبة حتى لا يترتب على ارتفاع الرسوم تناقص الالتحاق <sup>(١)</sup>. هذا بالنسبة لمؤسسات التعليم الجامعي الخاصة الراقية في الولايات المتحدة الأمريكية فهل ستكون الجامعات الخاصة في مصر على نفس مستوى هذه الجامعات؟ وهل ستهتم بالمستوى التعليمي للطلاب حتى ولو ترتب على ذلك خسارة الجامعة ماديا؟ وإذا كانت هذه الجامعات الأمريكية تدعمها الدولة وتساعدها على الرغم من تنوع مصادر تمويلها، فهل ستساعد الدولة الجامعات الخاصة في مصر؟ وإذا حدث هذا فتكون الجامعات الحكومية هي الأولى بالمساعدة. كما أنه إذا احتاجت الجامعات الخاصة لمساعدة الدولة وهذا أمر متوقع، فمعنى هذا أنها ستزيد من الأعباء التي تتحملها الدولة في الإنفاق على التعليم بدلا من أن تخفف منها كما يدعي مؤيدو الخصخصة.

كما أنه ينبغي ألا ننسى ـ أن الضوابط التي تضعها المجتمعات المتقدمة للمؤسسات الخاصة والربحية تحديدا للحفاظ على مصلحة المجتمع لا تنهض بأية فعالية في المجتمعات النامية؛ ففي ظل السياق المؤسسي الحالي في الدول العربية إذا أقام مستثمرون ذوو سطوة قطاعا خاصا يستهدف الربح في ميدان التعليم العالي

(١) عبد الفتاح إبراهيم تركي، "مستقبل الجامعات العربية بين قصور واقعها وتحديات الثورة العلمية: جدل البنى والوظائف"، بحث مقدم إلى مؤتمر التعليم العالي في الوطن العربي،٨ - ١٠ يوليو ١٩٩٠م، كلية التربية، جامعة عين شمس، القاهرة، المجلد الأول، ص ١٥٣.

فسيكون من الصعب على الإدارات الحكومية في هذه الدول أن تضبط مستوى جودة التعليم [١].

كما أنه مما تجدر الإشارة إليه في هذا الصدد أن بعض الدول الرأسمالية مثل فرنسا لا يوجد بها إلا جامعات رسمية مجانية، ودول رأسمالية أخرى مثل كندا وبريطانيا والسويد لا يوجد بها إلا جامعات رسمية بمصروفات ومنح، أما الدول التي يوجد بها جامعات خاصة راقية مثل: كمبردج في إنجلترا، وهارفارد وبرنستون وبركلي في أمريكا، فهذه الجامعات تستمد تمويلها من الأوقاف والهبات والتبرعات وتسويق بحوثها وأنشطتها التدريبية بالإضافة إلى مساعدة الدولة - كما اتضح هذا سابقا - وهذه المؤسسات لا يملكها أفراد ولا توزع أرباحا وإنما تستخدم عوائدها في تطوير نفسها في المباني والمعدات واجتذاب كبار الأساتذة لتظل جامعات القمة في تميزها بصورة عامة [٢].

أما بخصوص الاستدلال بوجود بعض مؤسسات التعليم الجامعي الخاص في مصر مثل المعاهد العليا الخاصة والجامعة الأمريكية، فيمكن القول بأن المعاهد العليا الخاصة في مصر تعاني من العديد من أوجه الخلل والقصور والتي أشار إليها أحد المفكرين في تعبيره عن أحوال هذه المعاهد حيث قال "إن الدارس لهذه التجربة لا بد أنه سيصدم بالأوضاع المتردية لهذه المعاهد والتي تحولت في النهاية إلى تزويد السوق بمزيد من المتعطلين، وإفادة مجموعة من المنتفعين بآلاف من الجنيهات،

---

(١) محمود عباس عابدين، " رؤية لتطوير التعليم الجامعي المصري" ، مجلة التربية والتنمية، القاهرة، السنة السادسة، العدد ١٦، مارس ١٩٩٩م، ص ٣٠٩.

(٢) راجع:

- شفيق إبراهيم بليع، "حول الملامح الأساسية لتطوير التعليم الجامعي في مصر"، بحث مقدم إلى مؤتمر جامعة القاهرة لتطوير التعليم الجامعي، رؤية لجامعة المستقبل، ٢٢ - ٢٤ مايو ١٩٩٩م، الجزء الأول، ص ٤.

- Mike Abramson Alesamlan and others, Further and Higher Education partnerships: The Future forcollaboration (London: SRHE and Open university press, ١٩٩٦), p, ٦٥.

مكاسب امتحانات ومحاضرات، وتوزيع كتب دون أن تستطيع هذه المعاهد أن تكون لنفسها كوادر خاصة، وظلت - وقد مر عليها بعض عشرات من السنين - تعتمد على الانتداب فضلا عن نقص واضح في الأجهزة والمقومات الأساسية "[1].

والخوف أن تكون الجامعات الخاصة على النهج نفسه.

وبالنسبة للجامعة الأمريكية في مصر فلا يمكن القياس عليها؛ فلهذه الجامعة ظروفها التي يصعب أن تتوافر للجامعات الخاصة في مصر؛ فمصروفات الطالب تبلغ ما لا يقل عن خمسة عشر ألفا من الجنيهات وهو المبلغ الذي سيصعب على الجامعة الخاصة في مصر ـ أن تطالب به طلابها وإلا فسوف تتحقق دعاوى المعارضين بأنها جامعة للأغنياء، حيث متوسط دخل الفرد السنوي في مصر لا يزيد عن ٦٠٠ دولار.

كما أن الجامعة الأمريكية تتلقى كما كبيرا من التبرعات عن طريق لجنة من شخصيات مرموقة، وتحصل على إعانات ضخمة من الحكومة الأمريكية وهو الأمر الذي يصعب حدوثه في مصر، وإلا فجامعات الدولة أولى وهي تعاني من قصور في التمويل [2].

وبالنسبة للقول بأن الجامعات الخاصة يمكنها تقديم تعليم جيد يعتمد على التكنولوجيا الحديثة، وتلبية احتياجات المجتمع من التخصصات العلمية غير المتوافرة في الجامعات الحكومية، وهي جامعات للمتميزين علميا وذهنيا. توجد بعض المؤشرات التي توضح عدم إمكانية تحقيق هذا الغرض منها أن هذه الجامعات لكي تقدم تعليما جيدا يعتمد على التكنولوجيا الحديثة سيتطلب هذا توافر إمكانيات مادية باهظة خاصة في الكليات العملية، ولن تستطيع الجامعات الخاصة توفير هذه الإمكانيات في ضوء مواردها المادية المتاحة والتي تتمثل بصفة أساسية في المصروفات التي يدفعها الطلاب.

_____

(١) عبد الإله الحشاب، مجذاب بدر العناد، مرجع سبق ذكره، ص ٩.

(٢) Richard T. Ingram and Associates Governing public colleges and universities (San Francisco Jossey – Bass publishers, ١٩٩٣), P, ٤٠.

ولعل مما يؤكد عدم قدرة هذه الجامعات على توفير هذا النمط من التعليم ما توصلت إليه اللجنة العلمية المكلفة بتقييم كلية الطب في جامعة ٦ أكتوبر والمؤلفة من أعلام الطب في مصر، من أن الإمكانيات المادية والبشرية المتاحة لا تكفي إلا لاحتياجات السنة الأولى من الدراسة [١].

وجدير بالذكر أنه لو شكلت لجان أخرى لتقييم كليات أخرى في هذه الجامعات فإنها قد تصل إلى نتائج مشابهة.

وبخصوص القول بأن التعليم الجامعي الخاص سيلبي حاجة المجتمع من التخصصات العلمية النادرة غير المتوافرة في الجامعات الحكومية. في ضوء ظروف هذه الجامعات المادية والعلمية من المرجح أن تتكرر في الجامعات الخاصة التخصصات النظرية التي لا يحتاجها المجتمع، ولكنها قد تتفق مع مستوى الطلاب الملتحقين بالجامعة الخاصة وهم في الغالب منخفضي التحصيل الدراسي، حيث لا يستطيعون مسايرة التخصصات العلمية غير النمطية. ومن الناحية القانونية لا يوجد ما يمنع حدوث هذا، وذلك لأن القانون رقم ١٠١ لسنة ١٩٩٢م لم يتضمن الإشارة إلى التخصصات العلمية غير النمطية، حيث رفض غالبية أعضاء مجلس الشعب إضافة عبارة " التخصصات العلمية غير النمطية " حتى تتاح الفرصة للجامعات الخاصة في اختيار التخصصات التي تراها، والتي قد تكون غير مناسبة لاحتياجات المجتمع [٢].

أما الجزئية المتعلقة بأن الجامعات الخاصة ستكون للمتميزين علميا وذهنيا، فكيف يتحقق هذا والطلاب الذين سيلتحقون بهذه الجامعات هم الطلاب الذين حصلوا على الثانوية العامة بمجاميع منخفضة؟ حيث تبيّن من دراسة القانون رقم

---

(١) داخل جرنو، "التعليم الجامعي بين ازدياد الطلب ومشكلات التمويل" بحث مقدم للمؤتمر العلمي المصاحب للدورة ٣٣ لمجلس اتحاد الجامعات العربية، بيروت، ١٧ - ١٩ إبريل ٢٠٠٠م، ص٤.

(٢) أحمد صيداوي، مرجع سبق ذكره، ص ٩١.

١٠١ لسنة ١٩٩٢م [١] أنه لم يحدد مجموع درجات معينة يحصل عليها الطالب في الثانوية العامة كشرط للالتحاق بهذه الجامعات. وعلى الرغم من أن الدراسة الحالية ترى أن مجموع درجات الطالب في الثانوية العامة لا يمثل معيارا كافيا وحده يتحدد في ضوئه قبول الطالب بالجامعة، إلا أنه في ضوء ظروف الواقع التعليمي الحالي يعتبر مقياسا أقرب للعدالة ومعيارا للدلالة على استعداد الطالب، هذا بالإضافة إلى أن هناك دراسات [٢] أشارت إلى وجود علاقة موجبة بين التحصيل الدراسي والتوافق الشخصي الاجتماعي، فالفرد ذو التحصيل المرتفع يتسيد المواقف النفسية والاجتماعية وتكون طموحاته وتطلعاته واسعة.

وبالإضافة لما سبق فإن الجامعة الأمريكية بالقاهرة، وهي جامعة خاصة، تؤكد هذه الوجهة، حيث تشترط هذه الجامعة الالتزام بمجموع ٧٠% من مجموع درجات الثانوية العامة كحد أدنى عند القبول فيها، ويتساوى في ذلك الشرط الطالب المصري والأجنبي، ولم تتهاون تلك الجامعة في المستوى العلمي للطالب عند القبول فيها في مقابل ما يدفعه الطالب من مصاريف باهظة [٣]. وإذا كان هناك من يقول بأن هذه الأمور المتعلقة بشروط القبول وشؤون الطلاب يمكن حسمها من خلال اللائحة الداخلية للجامعة فيمكن القول بأن الجامعة هي التي تحدد اللائحة الداخلية ولا رقابة على هذه اللائحة.

وبخصوص القول بأن وجود الجامعات الخاصة في مصر سيؤدي إلى توفير أماكن بالجامعات الحكومية للطلاب غير القادرين ماديا. هناك مؤشرات تشكك في إمكانية تحقق هذا منها أن معظم الطلاب الذين يلتحقون بالجامعات الخاصة لم يحصلوا على درجات تؤهلهم للالتحاق بهذه التخصصات في الجامعات الحكومية؛

---

(١) راجع بنود القانون رقم ١٠١ لسنة ١٩٩٢م في ملحق رقم (١).
(٢) عبد الفتاح إبراهيم تركي، مرجع سبق ذكره، ص ١٥٣
(٣) المرجع السابق، ص ١٥٤.

وبالتالي فوجود الجامعات الخاصة في مصر لن يزيد من الفرص المتاحة للطلاب غير القادرين ماديا للالتحاق بالجامعات الحكومية، وفي نفس الوقت لن يقلل من التكدس الطلابي بهذه الجامعات.

ومن الأغراض التي ساقها مؤيدو خصخصة التعليم الجامعي أن وجود الجامعات الخاصة في مصر سيوفر للدولة عملة صعبة كثيرة كان ينفقها الطلاب القادرين في الخارج لاستكمال دراستهم، ومن ثم تسهم هذه الجامعات في التخفيف من أعباء الدولة.

ويمكن القول بأن هناك دلائل توضح أن الجامعات الخاصة لن تخفف من أعباء الدولة المالية، من هذه الدلائل أن هذه الجامعات لكي تكون جامعات راقية – ما تريد الدولة – تقدم تعليما جيدا لن يكفيها المصروفات التي يدفعها الطلاب، ولعل هذا قد اتضح من الإشارة السابقة لوضع الجامعات الخاصة الراقية في أمريكا، وبالتالي فمن المتوقع أن هذه الجامعات ستحتاج إلى مساعدة الدولة، بل قد تضطر الدولة إلى تحمل جزء كبير من نفقات تلك الجامعات، وذلك إن حرصت الدولة على تحقيق مستوى تعليمي جيد في الجامعات الخاصة، ومن ثم تكون هذه الجامعات زادت من الأعباء المالية للدولة ولم تخفف منها.

وهنا يمكن أن يثار تساؤل هو: إذا كان الأغنياء الذين يملكون الأموال لديهم الرغبة في تعليم أبنائهم على نفقتهم الخاصة، فلماذا لا يتقدمون بالتبرعات للجامعات الحكومية لدعم العملية التعليمية بها، وتمكينها من استيعاب الراغبين في الالتحاق بها؟

هذا، ومن خلال العرض السابق لبعض مبررات وأغراض خصخصة التعليم الجامعي في مصر وتوضيح مدى إمكانية تحقيق هذه الأغراض من خلال الجامعات الخاصة، يمكن القول بأن وجود الجامعات الخاصة في مصر- لن يحقق هذه الأغراض.

وبخصوص النتائج التي ستترتب على خصخصة التعليم الجامعي، فقد أشارت مجموعة من الكتابات إلى أن هناك آثارا سلبية ومشكلات كثيرة ستترتب على هذا

التوجه، وباستقراء الآثار والمشكلات التي تناولتها هذه الكتابات [1] على اختلاف تفاصيلها تبين أنها تدور حول ثلاثة محاور رئيسية:

أولها: وجود المشروع التجاري الربحي في الاستثمار في التعليم الجامعي الخاص.

وثانيها: إهدار تكافؤ الفرص التعليمية.

وثالثها: المخاطر المحتملة والمتوقعة على تباين رؤى النخبة الجامعية من الخريجين في قضايا العمل الوطني، وفي توجهات ومقومات الثقافة والقيم المشتركة في المنظورين المتوسط والبعيد.

وعلى ذلك يمكن القول باختصار أن التعليم الجامعي الخاص في مصر لن يكون أكثر عائدا من الناحية الاقتصادية، ولا أفضل نوعية، ولا أكثر عدالة على الصعيد الاجتماعي؛ ولذا ارتفعت أصوات عديدة محذرة من خصخصة متزايدة للتعليم الجامعي يخشى أن تطرح من المشكلات أكثر مما تحل منها.

وعلى صعيد آخر نادت بعض الكتابات [2] بضرورة البحث عن بدائل لخصخصة التعليم الجامعي يمكن من خلالها تحقيق الأغراض التي استند إليها البعض في الدعوة إلى خصخصة التعليم الجامعي دون أن يترتب على هذه البدائل مشكلات تعليمية أو مجتمعية. وكان من أبرز البدائل التي طرحت في هذا المجال تنفيذ فكرة الجامعة المنتجة في مصر؛ باعتبار أن تنفيذ هذه الفكرة سيؤدي إلى التغلب على كثير من مشكلات التعليم الجامعي وتحقيق معظم الأغراض التي سبق مناقشتها والتي يرى البعض أنها لا تتحقق إلا من خلال الجامعات الخاصة.

ولتوضيح الدور الذي يمكن أن تسهم به الجامعة المنتجة في تحقيق أغراض خصخصة التعليم الجامعي، فإن الأمر يتطلب عرض تصور للعناصر المختلفة لهذه

---

(١) عبد الله بوبطانة، " أنماط التعليم العالي التي يحتاجها الوطن العربي حتى عام ٢٠٠٠"، مجلة اتحاد الجامعات العربية، عدد خاص بالمؤتمر المنعقد في صنعاء من ١٦ - ١٨ / ٢ / ١٩٨٨م ص ٢٩٨.

(٢) عبد الفتاح إبراهيم تركي، مرجع سبق ذكره، ص ١٥٥.

الجامعة، وبيان ما يمكن أن يسهم به كل عنصر في تحقيق تلك الأغراض، ثم استخلاص ما يمكن أن تسهم به هذه العناصر مجتمعة في تحقيق أغراض خصخصة التعليم الجامعي، ويمكن توضيح ذلك من خلال العرض التالي:

مفهوم الجامعة المنتجة : Concept of productive university

في البداية تجدر الإشارة إلى أن مفهوم الجامعة المنتجة لا يتناقض مع المفهوم العام للجامعة ووظائفها الأساسية، بل يعمق ويُوسع من دور الجامعة في التعليم والبحث العلمي وخدمة المجتمع، ويؤكد على ضرورة مشاركتها مؤسسات المجتمع المختلفة في تنفيذ برامجها وفي تطوير تلك البرامج.

ويشير مفهوم الجامعة المنتجة إلى قيامها ببعض الأنشطة التي تحقق من خلالها موارد مالية تنعكس بالفائدة عليها وعلى العاملين بها؛ بشرط ألا تتناقض هذه الأنشطة مع الوظائف الأساسية للجامعة، ولا تؤثر عليها، وبحيث تتحقق من خلال تأدية الجامعة لوظائفها [(١)] ولعل هذا يعنى عدم دخول الجامعة المنتجة في تنافس على الربح الاقتصادي مع المؤسسات الإنتاجية الأخرى في المجتمع، وكذلك عدم مسايرتها لنموذج السوق، بل تكتفي ببعض الأنشطة التي تحقق لها أرباحا معقولة، تسدد من خلالها معظم نفقاتها [(٢)].

وعلى ذلك فالجامعة المنتجة ليس من مهامها الاستغراق في الأنشطة التي ترتبط بالعائد المادي بالشكل الذي يلهيها عن عملها الأساسي، ويجبرها على أن تضحي بقيمها، ومن ثم فالجامعة المنتجة لا تعني "تتجير الجامعة" Commercialization

---

(١) خالد يوسف العمري، " آفاق وتطلعات حديثة للتعليم الجامعي : منظور تربوي"، مجلة كلية التربية بالإمارات، عدد خاص عن بحوث مؤتمر تربية الغد في المجتمع العربي: رؤى وتطلعات"، ٢٤ - ٢٧ ديسمبر ١٩٩٥م، عدد مارس ١٩٩٧م، ص ١٢٨.

(٢) عبد الإله الخشاب، مجذاب بدر العناد، مرجع سبق ذكره، ص ١٠.

of the university وتسخيرها لخدمة المؤسسات والشركات الصناعية والتجارية دون غيرها من المؤسسات المجتمعية الأخرى [1].

وبناء على ما سبق يمكن تحديد مفهوم الجامعة المنتجة بأنها:-

الجامعة التي تحقق وظائفها المتوقعة وهي التعليم والبحث العلمي والخدمة العامة، والتي تتكامل فيها هذه الوظائف لتحقيق بعض الموارد المالية الإضافية للجامعة من خلال أساليب ووسائل متعددة منها: التعليم الممول ذاتيا، والتعليم المستمر، والاستشارات والبحوث التعاقدية، والأنشطة الإنتاجية.

أسس الجامعة المنتجة :

تعتمد الجامعة المنتجة على مجموعة من الأسس يمكن تحديد أهمها في النقاط التالية :-

- الربط بين وظائف الجامعة الثلاث التعليم والبحث العلمي وخدمة المجتمع، والنظر إليها على أنها كل متكامل، وأن كلا منها يتأثر بالآخر سلبا وإيجابا؛ فإذا قصرت الجامعة في وظيفتها البحثية – على سبيل المثال – فإن ذلك سيؤثر بدوره على أدائها لوظيفتي التعليم وخدمة المجتمع، لأن ضعف وظيفة البحث العلمي يؤدي إلى جمود محتوى التعليم وعقمه، ويقلل من فرص خدمة المجتمع وتنميته وكل ذلك يعني ضعف المردود الاقتصادي والاجتماعي للجامعة [2].

- إعداد الطالب بصورة متكاملة عقليا وخلقيا واجتماعيا، بحيث يكون قادرا على النقد والتحليل واستخدام الأسلوب العلمي في التفكير، وحريصا على الإسهام في حل مشكلات المجتمع وتلبية احتياجاته، ومتعاونا مع غيره من الأفراد والجماعات، ويثق بنفسه وبقدرته على صناعة مستقبله، ويستطيع أن

---

(١) محمود عباس عابدين، مرجع سبق ذكره ص ٣٠٨.

(٢) المرجع السابق، ص ص ٣٠٨، ٣٠٩.

يطبق ما تعلمه من معلومات ومعارف فيما يواجهه من مواقف ومشكلات [1]. وجدير بالذكر أن تكوين الطالب بهذه الصورة يتطلب توافر مجموعة من السمات في مناهج الجامعة المنتجة وطرائق تدريسها، وفي الأنشطة والتقنيات التعليمية وأساليب التقويم، وسيتم عرض هذه السمات في الجزء الخاص بوظيفة التعليم في الجامعة المنتجة.

- الجمع بين الإعداد الشامل والمتخصص للطالب، فالجامعة المنتجة تهتم في السنوات الأولى من الدراسة بإعداد الطالب إعدادا شاملا يحتوي على معارف وتطبيقات تتعلق بمجموعة التخصصات المرتبطة بالتخصص الضيق الذي سيدرس به الطالب، وذلك لأن إعداد الطالب في تخصص ضيق محدود في البداية له تأثيره السلبي على مستقبله، باعتبار أن هذا التخصص قد يختفي في المستقبل نظرا للتغيرات العلمية والتكنولوجية السريعة، وتغير حاجات المجتمع ومتطلباته من فترة لأخرى.

وبالتالي قد تموت مهن وتولد مهن أخرى، الأمر الذي قد يؤدي إلى تغيير الفرد لمهنته من وقت لآخر خاصة في الدول المتقدمة [2].

وعلى ذلك فالإعداد الشامل للطالب يحقق مجموعة من الفوائد من أهمها تكوين خلفية عامة لديه عن التخصصات والمهن المختلفة التي يمكن أن يعمل بها، ومساعدته على القيام بأدواره المتعددة مستقبلا، ولذا تؤكد الجامعة المنتجة على أن يكون العام الأول بفصلية للإعداد العلمي والإنساني الشامل المتكامل، ويختار الطالب تخصصه بداية من الفرقة الثانية على الأقل.

- الارتباط الوثيق بالمجتمع من خلال تلبية احتياجاته من الخريجين بالكم والكيف المناسبين، وبحث مشكلاته وقضاياه والوصول إلى حلول لها، وبالتالي فالجامعة المنتجة تحرص على معرفة ما يحتاجه المجتمع من تخصصات ومؤهلات

(١) خالد يوسف العمري، مرجع سبق ذكره، ص ١٢٨.
(٢) عدنان السيد هاشم العقيل، "البحث العلمي في الوطن العربي: الواقع والمستقبل"، بحث مقدم إلى مؤتمر التعليم العالي العربي وتحديات مطلع القرن الحادي والعشرين، مرجع سبق ذكره، ص ٣٨١.

وتسعى لتلبيتها من خلال برامجها وأنشطتها، ولا تقتصر على المدرجات المعروفة والمعامل الثابتة وقاعات الدرس التقليدية، بل تنتقل إلى مؤسسات المجتمع وتندمج معها إيمانا منها بأن المشاركة هي في صالح العملية التعليمية والبحثية القائمة بالجامعة وفي صالح عمليات الإنتاج والخدمات التي تقدمها هذه المؤسسات المجتمعية [١]، كما تسمح الجامعة المنتجة باستغلال أراضيها وورشها ومعاملها وغيرها من الأماكن التي يمكن أن تستغل كمراكز إنتاج متقدم، من أجل تطوير مجالات المجتمع المختلفة مثل: تطوير الإنتاج الزراعي، وإنتاج بعض الصناعات بالتدريج، بالإضافة إلى تنظيم برامج تعليمية وتدريبية لمؤسسات المجتمع وأفراده كبرامج التعليم المستمر والتعليم المتناوب والتدريب التحويلي وغيرها.

- تنوع التخصصات والكليات تبعا لتنوع البيئات المحلية في المجتمع الواحد، بمعنى أن تنشأ في بعض البيئات كليات تتناسب مع طبيعتها الخاصة [٢].

فمثلا يمكن إنشاء كلية للطاقة في أسوان وكلية للسياحة والفنادق في الأقصر.
التنوع في مصادر التمويل؛ فالأجور التي تتقاضاها الجامعة المنتجة نظير ما تقوم به من أنشطة ومشروعات، وما تقدمه من خدمات لمؤسسات المجتمع وأفراده تمثل مصدرا للتمويل، كما أن الأجور التي يدفعها الطلاب غير المصريين الذين يسمح لهم بالالتحاق بالجامعة تمثل مصدرا آخر للتمويل، هذا بالإضافة إلى ما يمكن أن تحصل عليه الجامعة من معونات ومنح من بعض المؤسسات والأفراد. ويتشابه هذا مع ما يحدث في كثير من المؤسسات الجامعية في الدول المتقدمة، حيث تحصل بعض هذه المؤسسات مثل كليات المجتمع على ما يقرب من ٧٠ % من تمويلها من

---

(١) حلمي الوكيل، "البحث العلمي الجماعي وموقعه على خريطة البحوث في مصر"، مجلة دراسات تربوية، المجلد السابع، الجزء (٣٩)، ١٩٩٢م، ص ص ٢٣، ٢٤.

(٢) محمود عباس عابدين، مرجع سبق ذكره، ص ٣٢٠.

المجتمع المحلي، وتختلف هذه النسبة من كلية لأخرى حسب ما تؤديه من خدمات وما تقوم به من أنشطة تتعلق بمؤسسات المجتمع المختلفة [١]. كما استطاعت بعض الجامعات الأوروبية مثل جامعة ووريك البريطانية زيادة مواردها المالية من ٣١ % عام ١٩٧٠م إلى ٦٢% عام ١٩٩٥م وتخفيض اعتمادها على التمويل الحكومي إلى ٣٨ % معطية بذلك مثلا - كبقية الجامعات الأوروبية - على قدرة الجامعة في الاعتماد على نفسها تمويليا [٢].

- حرية الجامعة المنتجة في تسيير شئونها ووضع قوانينها ولوائحها، وقدرتها على توضيح موقفها حيال القضايا والأمور التي تهمها وتهم المجتمع [٣] مع الأخذ في الاعتبار أنه لا مانع أن تكون الجامعة المنتجة تابعة لسلطة مركزية أو محلية بشرط أن تمارس حريتها وتؤدي دورها، ولعل من العوامل التي تساعد الجامعة على تحقيق ذلك اعتمادها على ذاتها في توفير جزء كبير من نفقاتها من خلال ما تحصل عليه من مبالغ كما سبقت الإشارة.

- إتاحة المجال لفئات مختلفة من أفراد المجتمع للالتحاق بالجامعة، حيث لا تقتصر الجامعة المنتجة على خريجي الثانوية العامة كمصدر وحيد لها، وإنما تقبل نوعيات مختلفة من الأفراد سواء من المتفرغين للدراسة أو الذين يجمعون بين العمل والدراسة من أصحاب المهن والحرف، أو الذين ترشحهم المؤسسات المختلفة لحضور برامج تعليمية أو تدريبية في الجامعة، وتستوعب الجامعة المنتجة هذه الفئات جميعا من خلال ما تقدمه من برامج متنوعة.

---

(١) خالد يوسف العمري، مرجع سبق ذكره، ص ١٣٠.

(٢) محمود عباس عابدين، مرجع سبق ذكره، ص ٣٢٠.

(٣) عبد العزيز عبد الله السنبل، نور الدين محمد عبد الجواد، الأدوار المطلوبة من جامعات دول الخليج العربية في مجال خدمة المجتمع (الرياض: مكتب التربية العربي لدول الخليج، ١٩٩٣م)، ص ٤٧.

‐

‐ إلتحام التعليم بالعمل، بمعنى أن إعداد الطالب في الجامعة المنتجة يجمع بين اكتسابه للمعلومات والحقائق المتعلقة بتخصصه، ووضع هذه المعلومات موضع الاختبار من خلال ممارسته للعمل الحقيقي في مجال تخصصه [1].

ويمكن أن يتم هذا الإعداد عبر صيغ كثيرة، فقد تبعث الجامعة بطلابها بعد فترة من الإعداد النظري إلى مواقع الإنتاج ليمارسوا فيها العمل فترة من الزمن ثم يعودون من جديد لمتابعة الإعداد النظري وهكذا يتواتر التعليم والعمل. كما يمكن أن تحوي الجامعة ذاتها كل مقومات الإنتاج الأساسية اللازمة للمجالات المتخصصة فيها.

وجدير بالذكر أن تحقيق الجامعة المنتجة للالتحام بين التعليم والعمل يمكنها من التغلب على مشكلات كثيرة تعاني منها الجامعات الحكومية [2]:

- ففي ظل هذا الالتحام تختفي مشكلة الإعداد لتخصصات لم يعد سوق العمل في حاجة إليها.

- وكذلك تنتهي مشكلة الحاجة المفاجئة لتخصصات لا تعد لها الجامعة بفضل انتهاء القطيعة بين الجامعة ومجالات العمل الإنتاج.

- كما تتمكن الجامعة أيضا بفضل هذا الارتباط من التغلب على مشكلة تخلف محتوى الإعداد عن مسايرة متطلبات سوق العمل.

- وفي إطار هذا التلاحم تنصب البحوث العلمية الجامعية مختلف مستوياتها على مشكلات حقيقية يسهم حلها بنصيب في عملية التنمية.

هذا بالإضافة إلى التغلب على مشكلات أخرى مثل: زيادة الكم وزيادة الإنفاق، ونقص هيئة التدريس [3]. كما أن ارتباط التعليم بمؤسسات العمل والإنتاج يحقق للجامعة ربحا يدعم مصادرها المالية، مع الأخذ في الاعتبار أن هذا

---

(١) المرجع السابق، ص ٢٠٥.

(٢) خالد العمري، مرجع سبق ذكره، ص ١٣٥.

(٣) عبد اللطيف محمود محمد، "الاستثمار في الصناعات التعليمية كمدخل لتطوير نظم التعليم العربية في القرن القادم: دراسة مستقبلية"، المجلة التربوية، جامعة الكويت، المجلد الرابع عشر، العدد ٥٣، خريف ١٩٩٩م، ص ٢١١.

الربح لا يكون هدفا في ذاته ولا تحكمه عوامل تحقيقه في المؤسسات الإنتاجية العادية بالطبع.

- الاهتمام بالتعلم الذاتي ودعم الاتجاهات الإيجابية نحوه وإكساب الطلاب القدرة على ذلك من خلال الممارسة الفعلية، وذلك لأن التغير السريع في مجالات العلم والتكنولوجيا أدى إلى ضرورة تجديد خريجي الجامعات لمعلوماتهم وخبراتهم ليتمكنوا من مسايرة التطور في تخصصاتهم. وعلى الرغم من ظهور صيغ تعليمية جديدة تهدف إلى مساعدة الفرد على تجديد معلوماته وخبراته مثل التعليم المستمر والتعليم بالمراسلة وغيرها، وعلى الرغم من اهتمام الجامعة المنتجة ببعض هذه الصيغ كما سيتضح بعد؛ إلا أنه يعاب عليها ما تفرضه على المتعلمين من ضرورة متابعة برامج أعدت سلفا، ومن ضرورة الالتزام بأوقات محددة لمتابعة الأنشطة التعليمية، كما أنها لا تأخذ في اعتبارها الفروق الفردية بين الإفراد [1] ولذلك فمن المهم تعويد الطالب على أن يعتمد على نفسه في زيادة معرفته وخبرته.

- مراعاة قدرات الطالب ورغبته واهتمامه عند اختيار الطلاب المقبولين بالجامعة، بمعنى ألا يقتصر شروط قبول الطلاب على مجموع درجاتهم في الثانوية العامة فقط، بل يتعين أن تشمل جوانب أخرى مثل قدرة الطالب ورغبته في الالتحاق بكلية معينة أو في دراسة تخصص معين، ويمكن أن يتحقق ذلك من خلال تطبيق اختبارات ومقاييس علمية مقننة يتم إعدادها من قبل أساتذة متخصصين، وسيتم توضيح هذه النقطة بشيء من التفصيل في الجزئية الخاصة بشروط القبول بالجامعة المنتجة.

---

(١) محمود عباس عابدين، مرجع سبق ذكره، ص ٣١٤.

هذا، وفي ضوء العرض السابق لمفهوم الجامعة المنتجة وأسسها يتحدد مضمون عناصرها الأخرى والمتمثلة في وظائفها وتخصصاتها وشروط القبول بها، ويمكن توضيح مضمون كل من هذه العناصر على النحو التالي:-

وظائف الجامعة المنتجة :

في البداية تجدر الإشارة إلى أن وظائف الجامعة المنتجة الثلاث مرتبطة ومتداخلة، ويكمل كل منها الآخر، كما سبقت الإشارة فالتعليم المستمر - على سبيل المثال - نوع من أنواع التعليم وفي نفس الوقت مجال من مجالات الخدمة العامة التي يمكن أن تؤديها الجامعة لأفراد المجتمع، وكذلك البحث العلمي التطبيقي الذي يسهم في حل مشكلات المجتمع هو في الوقت نفسه خدمة أو نشاط موجة لتنمية المجتمع وتطويره، وعلى ذلك فالدراسة الحالية تؤكد على أن عرض هذه الوظائف منفصلة هو بغرض الدراسة والتوضيح فقط، أما في الواقع فمن الصعوبة تحقيق إحداها بالصورة المرجوة بعيدا عن الوظائف الأخرى.

وظيفة التعليم :

تهدف هذه الوظيفة إلى إعداد الطلاب بالمواصفات الكمية والكيفية المناسبة للمجتمع، فمن الناحية الكمية تسعى الجامعة المنتجة إلى تلبية احتياجات المجتمع من التخصصات والمؤهلات المطلوبة بما يسهم في عملية التنمية، ومن الناحية الكيفية تسعى إلى تكوين الطلاب عقليا وعمليا واجتماعيا بما يساعدهم على أداء أدوارهم المتوقعة بنجاح.

ومن أبرز الصفات التي تحرص الجامعة المنتجة على تكوينها لدى طلابها الاتجاهات الإيجابية نحو التعلم الذاتي والقدرة على ممارسته، والقدرة على النقد والتحليل والتخيل والاستنتاج ومواجهة التغير، والقدرة على ترجمة المعارف

النظرية إلى ممارسات تطبيقية، واستخدام الأسلوب العلمي في مواجهة المشكلات[١].

ولا تقتصر الجامعة المنتجة على تعليم خريجي الثانوية العامة فقط، بل تقدم أنواع أخرى من التعليم لفئات مختلفة من أفراد المجتمع، مثل التعليم المتناوب والذي يتردد فيه المتعلم بين الدراسة فترة والانقطاع للعمل ثم الدراسة مرة أخرى، وكذلك الدراسات المسائية التي تتيح المجال لبعض أفراد المجتمع للتعليم واكتساب المعرفة لقاء أجور مناسبة تمثل إيرادا ماليا للجامعة، كما أنه من خلال تطبيق نظام الساعات المعتمدة يمكن أن تسمح الجامعة للأفراد بدراسة بعض المقررات نظير أجور معينة لغرض التأهيل أو التثقيف أو إشباع الرغبات الشخصية [٢].

ولكي تتحقق وظيفة التعليم في الجامعة المنتجة بالصورة المرجوة فإن هناك أمورا يتعيّن مراعاتها من أبرزها:-

- احتواء المقررات الدراسية على الحديث من المعلومات في المجالات المختلفة.
- التكامل في المقررات الدراسية بين النظري والعملي.
- صياغة المحتوى الدراسي بأسلوب يشجع الطالب على البحث ليجيب عن بعض الأسئلة المثارة في هذا المحتوى وعدم تقديمه بالطريقة التقليدية التي تقدم للطالب كل شيء، ويستلزم الأمر بالطبع اختصار المحتوى الدراسي لمساعدة الطالب على المزيد من البحث[٣].
- الابتعاد عن الأنماط التقليدية في التعليم كالحفظ والتلقين والتركيز على طرق التدريس التي تنمي التفكير والتحليل والنقد مثل طريقة حل المشكلات والمناقشة والحوار والتعلم الذاتي.

---

(١) المرجع السابق، ص ٣٢٢.

(٢) المرجع السابق، ص ص ٣٢٢ ، ٣٢٣.

(٣) محمد سيف الدين فهمي، سبل التعاون بين الجامعات وبين المؤسسات الإنتاجية في دول الخليج العربية: الواقع وسبل التطوير (الرياض: مكتب التربية العربي لدول الخليج، ١٩٩٣م)، ص ١٨٧.

- توفير فرص التدريب العملي والميداني الجيد للطالب؛ وقد يتطلب هذا التعاون بين الجامعة وقطاعات العمل والإنتاج المختلفة في تصميم برامج التدريب التي تدعم خلفية الطالب العملية وتجعله أكثر كفاءة واستعدادا للعمل الذي سيشغله.

- استخدام تكنولوجيا التعليم وبخاصة الكمبيوتر والمعامل بأنواعها المختلفة مع التركيز على استخدام البرامج التعليمية من خلال الكمبيوتر، وطرق جمع المعلومات من خلال الإنترنت وغيرها من الوسائل التي لا يمكن الاستغناء عنها الآن وفي المستقبل [1].

- استخدام أساليب تقويم تهتم إلى جانب قياس المعارف لدى الطالب بالتعرف على ما لدية من قدرات عقلية مثل التحليل والنقد والاستنتاج، وتحديد مدى قدرته على التطبيق العملي لما تعلمه [2]. ومن الأساليب التي يمكن استخدامها: التقويم بعرض المشكلات وطرائق حلها والتقويم من خلال التجارب المعملية والتدريبات الميدانية بمواقع الإنتاج.

وظيفة البحث العلمي :

يعتبر البحث العلمي أحد العوامل المهمة التي تسهم في ربط الجامعة المنتجة بالمجتمع، فمن خلاله تسعى الجامعة لحل مشكلات المجتمع وتعمل على تنميته وتطويره والبحث العلمي في الجامعة المنتجة ينقسم إلى نوعين رئيسيين هما: البحث الأساسي والبحث التطبيقي، ولكل منهما أهميته وضرورته للجامعة المنتجة، كما أن كلا منهما مرتبط بالآخر، فالبحث الأساسي يهدف إلى تطوير المعرفة النظرية

ــــــــــــــــــــ

(١) أحمد صيداوي، "التخصصات اللازمة للتعليم العالي العربي في مطلع القرن القادم"، بحث مقدم إلى مؤتمر التعليم العالي العربي وتحديات مطلع القرن الحادي والعشرين، مرجع سبق ذكره، ص ٢٥٩.

(٢) المرجع السابق، ص ص ٢٧٠، ٢٧١.

من خلال الكشـف عـن الحقائـق والنظريـات التي تعمـق التخصـص، والبحـث التطبيقي يستفيد من هذه المعرفة في عملية التطبيق.

كما أن البحث التطبيقي يعتمد اعتمادا كبيرا على البحث الأساسي، لأنه لا يمكن إجراء بحث تطبيقي إلا إذا أجريت بعض البحوث الأساسية لتكون قاعدة لهذا البحث [1].

وعلى الرغم من أهميـة كـل مـن البحـث الأساسـي والتطبيقي، إلا أن الجامعـة المنتجة تركز على البحوث التطبيقيـة؛ وذلك لارتباطهـا المباشـر بمشكلات المجتمع وقضاياه وإسهامها في تنمية المجتمع وتطوير مجالاته.

وتتنوع البحوث العلميـة في الجامعـة المنتجة تبعا لعدد القائمين بها، فهناك البحوث الفرديـة التي يقوم بها فرد واحـد، والبحـوث الجماعيـة التي يشـترك فيها مجموعة من الأفراد.

وعلى الرغم مـن أهميـة كـل مـنهمـا؛ إلا أنها تعطي الأهميـة الأكبر للبحوث الجماعية لأن بعض القضايا والمشكلات المجتمعية التي يتناولها البحث الجماعي تحتاج إلى أكثر من فرد لمعالجتها بدقة.

كما أن البحث الجماعي عادة ما ينصب على مشكلة مـن المشـكلات الكبرى أو قضية ذات طابع قومي تهم قطاع كبير من المجتمع.

هذا بالإضافة إلى أن البحث الفردي غالبا ما يهتم بموضوعات يختارهـا الباحث وفقا لرغبته واتجاهاته أو وفقا لطبيعة المجال الذي يبحث فيه، وليس بالضرورة أن تمثل هذه الموضوعات قضايا أو مشكلات حقيقية مهمة وبالتالي فهذا النوع من

---

(1) عبد الفتاح خليفات، " معايير القبول في الجامعات الأردنية الحكومية والخاصة" ، مجلـة كلية التربيـة، جامعـة أسيوط، المجلد السادس عشر، العدد الأول، يناير ٢٠٠٠م، ص ٣١٩.

البحوث يقل فيه الابتكار والتجديد لأنه غالبا ما يعتمد على تقليد الآخرين، ومن ثم يؤدي لنتائج ليس فيها جديد [(١)].

وحتى يحقق البحث العلمي الدور المتوقع منه في خدمة المجتمع باعتباره إحدى الوظائف المهمة للجامعة المنتجة، فإن ذلك يتطلب مراعاة مجموعة من الأمور من أهمها:

- إلتزام الباحثين على مستوى الماجستير والدكتوراه أو المستويات الأعلى بالمعايير العلمية في إجراء بحوثهم حتى تكون النتائج التي يصلون إليها صادقة ومنطقية وتستفيد منها الجهات المعنية.
- التركيز في البحوث التطبيقية على المشكلات الحقيقية التي يسهم حلها بنصيب في عملية التنمية، ويتطلب ذلك عمل دراسات في كل قطاعات الإنتاج والخدمات لتحديد المشكلات البحثية الملحة، ومن ثم ترتيبها حسب أهميتها لتشكيل خريطة بحثية في كل تخصص على حدة لتوجيه الباحثين في عملهم الحالي والمستقبلي [(٢)].
- توجيه أبحاث طلبة الدراسات العليا لحل المشكلات الميدانية في مختلف المجالات كالتعليم والصناعة والزراعة، وفتح القنوات بين الطلبة وواقع المجتمع.
- تشجيع البحوث المشتركة على مستوى إقليمي وعالمي وخاصة في مجال البحوث الأساسية للاستفادة من الخبرات والإمكانات المتاحة في الدول المتقدمة، ويمكن أن يتم ذلك من خلال البعثات واجازات التفرغ العلمي.

---

(١) المرجع السابق، نفس الصفحة.

(٢) عبد الفتاح أحمد حجاج، نظرة في فلسفة وسبل تطوير التعليم الجامعي، مجلة كلية التربية، جامعة الإسكندرية، العدد الأول، أكتوبر ١٩٨٨م، ص٢١

- تشجيع البحوث ذات الصبغة المتداخلة بين التخصصات والتي تتضافر فيها جهود الباحثين من اكثر من تخصص لحل مشكلات متعددة الجوانب بأسلوب عمل فريق واحد [(١)].
- اشتراك الجامعة المنتجة بنظم المعلومات العالمية في التخصصات المختلفة لتيسير عملية البحث وتسهيل عملية استدعاء المعلومات اللازمة للبحوث، واشتراكها أيضا في الجمعيات العلمية العالمية لما في ذلك من فوائد متعددة من أبرزها الحصول على العديد من الدوريات والمراجع بنسب تخفيض عالية.
- تحقيق التوازن بين مسئوليات أعضاء هيئة التدريس بحيث يتاح لهم وقت كاف لممارسة البحث العلمي
- التركيز في توصيات البحوث ومقترحات على الجوانب الإجرائية بدلا من المقترحات العامة التي تعد قليلة الفائدة.
- توافر العدد الكافي من الباحثين في كل تخصص والعمل على سد النقص في التخصصات المطلوبة.
- إيجاد قنوات رسمية للاستفادة من نتائج البحوث التي تجريها الجامعة لخدمة قطاعات العمل والخدمات خارجها [(٢)].

---

(١) انظر على سبيل المثال:-
- محمد حلمي مراد، "حوار حول التعليم الجامعي"، دراسات تربوية، المجلد الخامس، الجزء ٢٣، ١٩٩٠م، ص ٢٦.
- جمال الدين محمد موسى، من الحرم الجامعي (القاهرة : الهيئة المصرية العامة للكتاب، ١٩٨٨م)، ص ٤٢.
- عبد الفتاح خليفات، مرجع سبق ذكره، ص ٣٣٠.
- إسماعيل محمد دياب، "القبول في الجامعات: دراسة مقارنة بين الواقع ورغبات الطلاب"، الكتاب السنوي للتربية وعلم النفس، القاهرة، دار الفكر العربي، ١٩٩٠م، المجلد ١٦، ص ٤٣٣.

(٢) محمود عباس عابدين، مرجع سبق ذكره، ص ٣٢٠.

وظيفة الخدمة العامة :

تمثل الخدمة العامة الوظيفة الثالثة للجامعة المنتجة، ويستخدم الباحث تعبير الخدمة العامة محل تعبير "خدمة المجتمع" اتفاقا مع الآراء [١] التي تعتبر "الخدمة العامة" أكثر تحديدا من " خدمة المجتمع" للدلالة على الوظيفة الثالثة من وظائف الجامعة، وذلك لإختلاط مفهوم خدمة المجتمع مع وظيفة التعليم، فالتعليم يمكن النظر إليه من منظور عام على أنه خدمة، وكذا الوظيفة الثانية وهي وظيفة البحث العلمي، أما مفهوم " الخدمة العامة" فيشير إلى جوانب أكثر تحديدا.

وتعني الخدمة العامة كل ما تقوم به الجامعة المنتجة من أنشطة وخدمات تتوجه بها أصلا إلى غير منسوبيها - من طلاب وأعضاء هيئة التدريس - من أفراد المجتمع وجماعاته وتنظيماته ومؤسساته [٢].

وتأتي أهمية الخدمة العامة كوظيفة من وظائف الجامعة المنتجة من كونها أداة لتطبيق المعرفة في ميادين متعددة، وترجمتها إلى واقع ملموس يسهم في تقدم المجتمع ونموه.

وذلك من خلال ما تشتمل عليه هذه الوظيفة من برامج متنوعة تؤدي إلى استمرارية تعليم أفراد المجتمع وتحسين أدائهم لأعمالهم، وتعريفهم بالجديد في تخصصاتهم ومهنهم، كما أن هناك بعض الفوائد الأخرى التي يمكن أن تتحقق من أهمها:-

- أن الخدمة العامة وسيلة تمكن الطلاب والأساتذة من المشاركة في نهضة مجتمعهم وتحقيق ذاتهم وتعزيز انتمائهم لوطنهم.

---

(١) عبد العزيز عبد الله السنبل، نور الدين محمد عبد الجواد، الأدوار المطلوبة من جامعات دول الخليج العربية في مجال خدمة المجتمع (الرياض: مكتب التربية العربي لدول الخليج، ١٩٩٣م)، ص ٤٧.

(٢) المرجع السابق، ص ٢٠٥.

- أن الخدمة العامة تتيح الفرصة للأساتذة ليعايشـوا مشكلات مجـتمعهم ويوائمـوا بين النظرية والتطبيق ويعدلوا مناهجهم وأساليب تعليمهم ويوجهـوا أبحاثهم بما يتناسب مع حاجات المجتمع [1].

- أن الخدمة العامة وسيلة لاستغلال كل الموارد البشرـية والمادية المتاحـة بالجامعة للعمل على حل المشكلات الاقتصادية والاجتماعية للمجتمع.

- أن الخدمة العامة مصدر مهم من مصادر الربح المادي للجامعة المنتجـة من خلال ما تقدمه من برامج وأنشطة لأفراد المجتمع ومؤسساته.

وتتعدد مجالات الخدمة العامة في الجامعة المنتجة بتعدد حاجات ومشكلات المجتمع الذي توجد به، كما تتعدد هـذه المجـالات بتعدد الجماعـات التي توجه إليها البرامج أو الخدمات، أي أن هذه المجالات متجددة تستجيب للتغيرات التي يعيشها المجتمع ويمكن تحديد أبرز مجالات الخدمة العامة بالجامعة المنتجة فيما يلي:-

- التعليم المستمر.
- الاستشارات.
- النشاطات الإنتاجية.
- البرامج التدريبية.
- التوعية الاجتماعية.

وتحت كل مجال من المجالات السابقة يمكن أن تقوم الجامعة المنتجـة بالعديد من الجهود والأنشطة، فعلى سبيل المثال :

في مجال التعليم المستمر يمكن أن تقدم الجامعة برامج لتعليم الكبار ودراسات مسائية نظامية وبرامج مهنيـة متخصصـة للعـاملين في الميدان ممـن حصلوا عـلى الدرجة الجامعية الأولى على الأقل في تخصصاتهم.

(١) خالد العمري، مرجع سبق ذكره، ص ١٣٥.

وفي مجال الاستشارات يمكن لكلية التربية أن تشارك في الدراسات الخاصة بتطوير النظام التعليمي على مستوى الدولة، وتسهم في تقديم الاستشارة وتصميم البرامج المناسبة لعمليات التطوير اللازمة لهذا النظام، وكذلك يمكن لكليات التجارة أن تقوم بدراسات جدوى للمشاريع الاقتصادية لتقديم المشورة بمدى المردود الاقتصادي لها.

وفي مجال النشاطات الإنتاجية يمكن أن تنتج الجامعة من خلال كلياتها المتنوعة بعض السلع والمنتجات بالتدريج، فعلى سبيل المثال كلية الزراعة يمكن أن تنتج بعض السلع الزراعية مثل الخضراوات والفاكهة، وكلية الفنون الجميلة يمكن أن تنتج بعض المنتجات الفنية. وكلية الهندسة يمكن أن تدخل مجال الصناعة بالتدريج مستغلة إمكاناتها البشرية المتاحة فتنتج بعض الصناعات التعليمية اللازمة للتعليم في مراحله المختلفة مثل: النماذج والمجسمات وبعض الأنواع المتقدمة من السبورات وأجهزة العرض، وكذلك الأقلام والكراسات والحاسب الآلي [١]. ثم ترتقي بعد ذلك في صناعات أخرى بالتعاون مع مؤسسات المجتمع المعنية، " ويكفي للبرهنة على أهمية هذا المجال أن دولا مثل الصين والولايات المتحدة قد استخدمت إمكانات الجامعات لانتاج صناعات متقدمة مثل الصواريخ والطائرات" [٢].

وبخصوص البرامج التدريبية تتنوع البرامج التي يمكن أن تقدمها الجامعة المنتجة، فمنها البرامج التجديدية التكميلية للخريجين في مختلف المجالات، وبرامج التدريب التحويلي والتي تؤهل الفرد لمهنة أخرى غير التي يعمل بها نظرا للتغير السريع في عالم المهن، وبرامج فنية ومهنية للعمال المهرة مثل دورات السكرتارية والطباعة

(١) عبد اللطيف محمود محمد، "الاستثمار في الصناعات التعليمية كمدخل لتطوير نظم التعليم العربية في القرن القادم: دراسة مستقبلية"، المجلة التربوية، جامعة الكويت، المجلد الرابع عشر العدد ٥٣، خريف ١٩٩٩م، ص ٢١١.

(٢) محمود عباس عابدين، مرجع سبق ذكره، ص ٣١٤.

ومبادئ المحاسبة وغيرها من البرامج التدريبية التي تختلف وتتنوع حسب طبيعة المجتمع وحاجاته.

وبالنسبة لمجال التوعية الاجتماعية تتعدد الأنشطة التي من خلالها يمكن أن تقوم الجامعة المنتجة بتوعية أفراد المجتمع وتثقيفهم في المجالات المختلفة. ومن هذه الأنشطة الندوات والمؤتمرات والمحاضرات العامة التي يمكن من خلالها تنمية الحس الوطني والقومي للأفراد، وكذلك تنمية وعيهم بالمشكلات البيئية والاقتصادية والاجتماعية، وغرس قيم استهلاكية تتناسب مع ظروف المجتمع.

وجديد بالذكر أن ما سبق عرضه من أنشطة وبرامج يمكن أن تقدمها الجامعة المنتجة يأتي على سبيل المثال لا على سبيل الحصر، ويبقى الباب مفتوحا لطرح أنشطة وبرامج أخرى.

ولكي تتحقق أنشطة وبرامج الخدمة العامة بالصورة المرجوة، فإن هناك بعض الأمور التي ينبغي مراعاتها من بينها :-

- فيما يتعلق بالتعليم المستمر: المتابعة المستمرة للخريجين والاحتفاظ بمعلومات كاملة عنهم وعن احتياجاتهم، والقيام بدراسات تطبيقية لخريجي الجامعة في مواقع العمل المختلفة في كافة التخصصات، لتحديد إيجابياتهم وسلبياتهم ومشكلاتهم التي تعود إلى نمط دراستهم وتعليمهم في الجامعة، ثم تقوم الجامعة بتحديد الإجراءات التي تكفل تدعيم الإيجابيات وعلاج السلبيات والصعوبات [1].

- وبخصوص الاستشارات: إنشاء مكاتب استشارية في الكليات المختلفة في كل فروع التخصص الدقيق مثل: المكتب الاستشاري الزراعي، المكتب الاستشاري الهندسي، المكتب الاستشاري البيطري، المكتب الاستشاري للحاسبات، المكتب الاستشاري التربوي؛ بحيث تستقبل هذه المكاتب طلبات

(١) المرجع السابق، ص ٣٢٢.

المشـورة والدراسـات مـن خـارج الجامعـة، وتقـوم بتسـويق خـدمات الجامعة أسوة بما يتم في العديد من بلدان العالم.

- وبالنسبة للنشاطات الإنتاجية: التركيز على النشاطات التي تزيد مـن معرفة الطلاب بخواص ومتطلبات العمل الميداني خصوصا في بعض الكليات التطبيقية كالزراعة والطب البيطري، وضرورة امتلاك الكليات التي تشارك في هذا المجال للمتطلبات المناسبة لتنفيذ هذه النشاطات، فمثلا يجب أن تمتلك كلية الزراعة بعض الحقول الزراعية، للإنتاج النباتي والحيواني، ويجب أن يتوفر لكليـة الهندسـة والفنـون الجميلـة الـورش والمشـاغل الإنتاجيـة والمختـبرات المناسبة، والاهتمام بالمنتجات التي يمكن للجامعات المصرـية أن تبدع فيهـا مستغلة معطيات البحوث الحديثة التي تجريها الجامعة متعاونة مع قطاعات الإنتاجية المماثلة في الدولة.

- وفيما يختص بالبرامج التدريبية: تحديد الاحتياجات المتعلقـة بالتـدريب قبل وأثنـاء الخدمـة في جميـع قطاعـات الإنتـاج الزراعـي والصناعي وكذلك قطاعات الخدمات والتخطيط لمقابلتها والوفاء بها، وتوفير المعلومـات المتعلقـة بالمهن المطلوبة في الوقت الحالي وفي المسـتقبل ومتطلبـات كـل مهنـة، وعلاقـة ذلك ببرامج التدريب داخل كل كلية من كليات الجامعة [1].

وبخصوص التوعية الاجتماعية: التركيز على القضايا والمشكلات التي تهـم الأفراد والمجتمع، ومعالجة هذه القضايا بأسلوب المناقشـة والحـوار والإقنـاع، وضرورة أن يناقشها أهل الفكر والاختصاص وذوي الخبرة.

وبالإضافة لما سبق توجد بعض الأمور الأخرى التي تسهم في نجاح هذه الوظيفة منها: -

---

(١) المرجع السابق، ص ص ٣٢٢، ٣٢٣.

- مراعاة الشروط المناسبة في كل الأنشطة والبرامج التي تقدم لأفراد المجتمع سواء في المحتوى أو في أساليب التعليم والتقويم، أو في الوسائل المستخدمة، وكذلك الالتزام بالمعايير العلمية والأمانة في ما يقدم من استشارات وبرامج توعية، وذلك حتى تثق مؤسسات المجتمع فيما تقدمه الجامعة من خدمات، الأمر الذي ينعكس بالإيجاب على علاقة الجامعة بالمجتمع، ويزيد من الإيرادات المالية لها.

- تطوير الوحدات ذات الطابع الخاص الموجودة حاليا بالجامعات، والتعرف على مشكلاتها ومواجهتها، باعتبار أن هذه الوحدات تعتبر مراكز مهمة يمكن أن تقدم الجامعة المنتجة من خلالها أنشطة متنوعة تخدم وتطور البيئة.

- تشجيع تنظيمات المجتمع ومؤسساته على عرض مشكلاتها على الجامعات.

- وضع آلية مناسبة للجامعة تمكنها من الاهتمام بتسويق نتاجها العلمي إلى مؤسسات المجتمع المختلفة لتسهيل بيع تلك النتاجات.

- إصدار تشريع يشجع الجامعة على الاستفادة من الإيرادات التي تحققها لدعم ميزانيتها وتطوير جوانبها، وينظم توزيع هذه الإيرادات بما يحقق الدافعية والرضا لدى العاملين بالجامعة.

- ضرورة أن يكون عضو هيئة الدريس راغبا في الاتصال بالمؤسسات الإنتاجية، وفي تكوين علاقات مهنية وشخصية معهم وقادرا على ذلك [1].

تخصصات الجامعة المنتجة :

ليس المقصود من عرض هذه الجزئية من الدراسة تحديد تخصصات الجامعة المنتجة بكل ما تعنيه كلمة تحديد، وذلك لأن عملية تحديد تخصصات بعينها تقتصر عليها الجامعة المنتجة والحكم على مواءمتها ولزومها أمر يتعذر القيام به من قبل

(١) محمد سيف الدين فهمي، سبل التعاون بين الجامعات وبين المؤسسات الإنتاجية في دول الخليج العربية: الواقع وسبل التطوير (الرياض: مكتب التربية العربي لدول الخليج، ١٩٩٣م)، ص ١٨٧.

باحث بمفرده، نظرا لمجموعة من العوامل من أبرزها تعرض مختلف فروع لمعرفة وتخصصاتها للتغيير المستمر ، والتقدم المعرفي والتكنولوجي السريع في مختلف الميادين، وتغير حاجات المجتمع والأفراد.

لذا سنقتصر على عرض النقاط التي تفيد في هذا المجال وهي المعايير التي في ضوئها تحدد الجامعة المنتجة تخصصاتها، وبعض المجالات المهمة التي يمكن أن يختار منها بعض تخصصات الجامعة، وكذلك بعض الاعتبارات التي يجب مراعاتها في التنسيق بين هذه التخصصات حتى تتحقق الفائدة المرجوة من تعليمها.

ومن أهم المعايير التي يمكن في ضوئها تحديد تخصصات الجامعة المنتجة ما يلي:-

- تلبية التخصص لحاجات المتعلمين العقلية والمهارية والثقافية.
- إسهام التخصص في تلبية احتياجات المجتمع المحلي والإقليمي المادية والبشرية.
- إسهام التخصص في توفير متطلبات التنمية الراهنة والمستقبلية.
- ارتباط التخصص بالاتجاهات العلمية والتكنولوجية المعاصرة.
- توافر التسهيلات التي تؤمن الاستفادة من التخصص واستمرار يته [١].

ولا ينبغي أن يفهم من عرض هذه المعايير أنه لابد من توافرها كلها في أي تخصص تشمله الجامعة المنتجة، بل يكفي توافر بعض هذه المعايير فقط، لأنه قد تكون هناك تخصصات يتوافر فيها معيار واحد ولكن لها أهميتها ودورها في تحقيق أسس الجامعة المنتجة وأهدافها.

وجدير بالذكر أن كثيرا من التخصصات الحالية في الجامعات الحكومية تتوافر فيها بعض المعايير السابقة خاصة في الكليات العملية مثل كليات الهندسة والزراعة وبالتالي فهذه التخصصات تدخل ضمن تخصصات الجامعة المنتجة ويمكن إدخال بعض التعديلات عليها من حيث محتواها وطرق تنفيذها.

---

(١) أحمد صيداوي، "التخصصات اللازمة للتعليم العالي العربي في مطلع القرن القادم"، بحث مقدم إلى مؤتمر التعليم العالي العربي وتحديات مطلع القرن الحادي والعشرين، مرجع سبق ذكره، ص ٢٥٩.

وعلى الجانب الآخر هناك تخصصات في الجامعات الحكومية يمكن - في ضوء المعايير السابقة - دمجها مع غيرها، أو تقليل حجمها بحسب الحاجة إليها أو إلغائها، كما أنه في ضوء المعايير نفسها يمكن استحداث تخصصات أخرى للجامعة المنتجة.

وبناء على ما سبق يمكن الإشارة إلى بعض المجالات أو التخصصات التي ينبغي أن تشملها الجامعة المنتجة، وان كانت بعض هذه التخصصات موجودة في الجامعات الحكومية - كما سبقت الإشارة - فيمكن للجامعة المنتجة أن تحسنها وتطورها، ومن أبرز هذه التخصصات:-

- التخصصات المتعلقة بإنتاج وتجهيز ونقل وتخزين المعلومات وما يتصل بها من تطبيقات متعددة.
- استصلاح الأراضي الصحراوية.
- الطاقة وما يتعلق بالبترول ومشتقاته.
- تسويق المنتجات الزراعية والغذائية.
- قوانين الأعمال.
- إدارة المؤسسات والفنادق.
- الهندسة الوراثية وما يتصل بها من تطبيقات في مجال العناية الصحية والطب والزراعة.
- فلسفة وتاريخ العلوم.
- الثقافة العامة.
- الدراسات المستقبلية عامة، والدراسات المستقبلية التربوية خاصة [1] .
- التنمية القومية وتخطيط المشروعات.
- الكيمياء الصناعية.
- تكنولوجيا الحاسب الآلي.

_____

(١) المرجع السابق، ص ص ٢٧٠، ٢٧١.

- علوم الفضاء والأقمار الصناعية.
- زراعة الأنسجة.
- علوم البيئة.
- هندسة الزلازل.

وتطبق كل كلية ما يناسبها من هذه التخصصات، ويمكن أن تكون بعض التخصصات السابقة الطلاب البكارليوس وبعضها الآخر لطلاب الدراسات العليا.

أما بخصوص كيفية التنسيق بين تخصصات الجامعة المنتجة وتحقيق أقصى- فائدة من هذه التخصصات، فيتطلب ذلك مراعاة مجموعة من الاعتبارات من أهمها:-

- تكييف بعض التخصصات لخدمة بعضها الآخر، بمعنى تحقيق الالتحام العضوي بينها، فعلى سبيل المثال الرياضيات تخدم معظم التخصصات، والكيمياء تخدم الآثار وهكذا.
- المزاوجة بين التخصص والثقافة العامة.
- اختيار المكان المناسب لتنفيذ بعض التخصصات، فتخصص مثل استصلاح الأراضي يفضل أن يكون في مرسى مطروح، وتخصص مثل الطاقة والبترول يكون في السويس والبحر الأحمر.
- ربط أقسام الجامعة وتخصصاتها بالأقسام المناظرة بالجامعات العالمية لمواكبة التقدم العلمي والتكنولوجي في العالم.
- التنسيق بين الجامعات المنتجة في مصر بمعنى أنه يراعي عند التنفيذ أن تتميز كل جامعة ببعض التخصصات عن غيرها مع وجود التخصصات المشتركة خاصة في الدراسات العليا بحيث تبرز كل جامعة في عدد من التخصصات التي تقود درجات الماجستير و الدكتوراه.
- عدم تكرار التخصصات داخل الجامعة الواحدة.

- تحقيق التكامل بين بعض التخصصات سواء أكان ذلك في صورة بـرامج مشتركة بين أكثر من قسم علمي، أو في صورة أقسام علمية مستحدثة مثل علوم البيئة، وعلوم الفضاء.

شروط قبول الطلاب بالجامعة المنتجة:

حظيت قضية القبول بالجامعات باهتمام العديد مـن الباحثين والأكاديميين لمـا لها من أهمية كبيرة في تحديد مدخلات التعليم الجـامعي ومـا يترتـب عليهـا مـن مخرجات. وتعددت نمـاذج القبول في جامعـات العـالم المختلفة، وارتبطت هـذه النماذج بظروف المجتمعات السياسية والاقتصادية والتعليمية، وكان مـن أبرزهـا النموذج التقليدي، وتعتمد شروط القبول فيه على حصول الطالب على شهادة الثانوية العامة والقدرة الاستيعابية للجامعة، والمقابلة الشخصية مع أعضاء القسم في الكلية المرشح لها الطالب، وهذا النموذج معمول به في فرنسا وبريطانيا [1].

والنمـوذج الانتقـائي وتتضمن شروط القبول فيـه معـدل درجـات الطالـب في الثانويـة العامـة، وأقدميـة تخرجـه ونجاحه في اختبـارات القـدرات، ويطبـق هـذا النمـوذج في بعـض الجامعـات بالولايـات المتحـدة الأمريكيـة. والنمـوذج الموجـه وتعتمد شروط القبول فيه على احتياجات الدولة من الكوادر المطلوبة، وعلى فرص التوظيف والعمل، ويؤدي تطبيق هذا النموذج إلى تحقيق التـوازن بين مخرجـات التعليم وسوق العمل، ويطبق في بعض الدول الشرقية [2]. ونموذج البـاب المفتـوح وفيه يتم قبول الطلاب بالجامعات بناء على رغبـاتهم واستعداداتهم بغـض النظـر عن معـدلاتهم في الثانويـة العامـة، ويطبـق في بعـض جامعـات الولايـات المتحـدة الأمريكية.

---

(١) عبد الفتاح خليفات، " معايير القبول في الجامعات الأردنية الحكومية والخاصة"، مجلـة كلية التربية، جامعـة أسيوط، المجلد السادس عشر، العدد الأول، يناير ٢٠٠٠م، ص ٣١٩.

(٢) المرجع السابق، نفس الصفحة.

والجامعة المنتجة ترى أنه يمكن الاستفادة من نماذج القبول المطبقة في الجامعات المختلفة - ومنها النماذج السابقة - في تطوير شروط القبول الحالية بالجامعات الحكومية، بحيث يكون ذلك في ضوء ظروف المجتمع وإمكاناته. ومن ثم فالجامعة المنتجة تعترض على اعتبار مجموع درجات الطالب في الثانوية العامة هو المعيار الوحيد لقبوله بالجامعة، وتُرجع ذلك لمجموعة من العوامل منها:- أن مجموع درجات الطالب في امتحان الثانوية العامة مجرد موقف لا يمكن الحكم من خلاله على مدى صلاحية المتقدمين للالتحاق بالجامعة [١]. وأن المجموع المرتفع الذي يحصل عليه بعض الطلاب قد يكون بسبب عوامل معينة مثل الدروس الخصوصية، أو لميزات تتمتع بها بعض المدارس مثل وجود معلمين أكفاء وتجهيزات مناسبة بالمقارنة بمدارس أخرى. هذا بالإضافة إلى أن هناك دراسات كثيرة [٢] أشارت إلى أن المجموع العام في الثانوية العامة وحده لم يعد معيارا ملائما، ولابد من وجود أدوات أخرى في ضوء التقدم العلمي الحالي مثل امتحانات القبول، ومراعاة قدرات وميول الطلاب، وارتباط القبول بالتخصصات اللازمة لعملية التنمية وغيرها.

---

(١) عبد الفتاح أحمد حجاج، نظرة في فلسفة وسبل تطوير التعليم الجامعي"، مجلة كلية التربية، جامعة الإسكندرية، العدد الأول، أكتوبر ١٩٨٨م، ص ٢١

(٢) انظر على سبيل المثال:-

- محمد حلمي مراد، "حوار حول التعليم الجامعي"، دراسات تربوية، المجلد الخامس، الجزء ٢٣، ١٩٩٠م، ص ٢٦.
- جمال الدين محمد موسى، من الحرم الجامعي (القاهرة : الهيئة المصرية العامة للكتاب، ١٩٨٨م)، ص ٤٢.
- عبد الفتاح خليفات، مرجع سبق ذكره، ص ٣٣٠.
- إسماعيل محمد دياب، "القبول في الجامعات: دراسة مقارنة بين الواقع ورغبات الطلاب"، الكتاب السنوي للتربية وعلم النفس، القاهرة، دار الفكر العربي، ١٩٩٠م، المجلد ١٦، ص ٤٣٣.

وفي ضوء ما سبق يتضح أن الاقتصار على مجموع درجات الثانوية العامة في قبول الطالب بالجامعة يترتب عليه ظلم كثير من الطلاب المنخفضين تحصيليا، والذين تتوافر لديهم مقومات الدراسة بالجامعة مثل القدرة والاستعداد الدراسي، كما أن ذلك يعد إهدارا تربويا.

هذا، وفي ضوء ما كشفت عنه الدراسة الحالية من مشكلات ترتبط بالاقتصار على مجموع درجات الطالب في الثانوية العامة في قبوله بالجامعة، وما عرضته من نماذج لقبول الطلاب في بعض الجامعات، وفي حدود ظروف المجتمع المصري وإمكاناته تقترح الدراسة مراعاة الشروط التالية في قبول الطلاب بالجامعة المنتجة:-

- حصول الطالب على مجموع درجات مناسب في الثانوية العامة - قد يختلف بطبيعة الحال من كلية لأخرى - على اعتبار أنه لا يمكن إلغاء التفوق التحصيلي أو إسقاطه من حسابات القبول بالجامعة المنتجة، لأنه - رغم كل ما يوجه إليه من نقد - سيظل هو المقياس الوحيد العادل - حتى الآن - للقبول بالجامعات المصرية [1]. كما أن نظام مكتب التنسيق الحالي يشعر الطلاب بالأمن والأمان، ويقضي في الوقت نفسه على التسلل إلى الجامعات من الأبواب الخلفية لأصحاب الحظوة والقدرة المالية.
- اجتياز الطالب لاختبار قدرات مقنن يرتبط بمواد الكلية المرشح لها وبالتخصص الذي يرغب فيه، ويصمم هذه الاختبارات من قبل لجنة من أساتذة التخصص بالجامعات الحكومية.
- تطبيق مقياس للتأكد من رغبة الطالب وميله للدراسة في الكلية التي يريد الالتحاق بها.
- تخصص نسبة تتراوح بين ( ٥ % - ١٠ %) من أعداد الطلاب المقبولين بكل كلية للطلاب ذوي المستوى التحصيلي المنخفض الذين يرغبون في الالتحاق بها دون التقيد بمجموع الدرجات في الثانوية العامة، بشرط أن يثبتوا

(١) محمد رجائي الطحلاوي، حوار حول الجامعة الأهلية، جريدة الجمهورية، بتاريخ ٣/١/ ١٩٩٢م، ص ٣.

- من خلال تطبيق المقاييس والاختبارات المشار إليها سابقا - أنهم لديهم قدرات تؤهلهم للدراسة في هذه الكلية وعندهم الرغبة والميل للالتحاق بها.

وبالنظر إلى الشروط السابقة يلاحظ أنها ربطت قبول الطالب في الجامعة المنتجة باجتيازه لاختبارات ومقاييس علمية مقننة إلى جانب المستوى التحصيلي المناسب، كما أنها أتاحت الفرصة للطلاب ذوي المستوى التحصيلي المنخفض الذين يملكون قدرات وميول واهتمامات تتناسب مع تخصصات معينة أن يلتحقوا بهذه التخصصات، وبالتالي يتحقق التواؤم بين قدرات الطلاب واهتماماتهم والتخصصات التي التحقوا بها.

هذا، ولكي تطبق شروط القبول السابقة بالصورة المثلى، وتُحقق الغرض منها، فإنه يتعين أن تقوم الجامعات بإعداد الاختبارات والمقاييس الملائمة لمتطلبات تخصصاتها، ومن خلال لجان علمية متخصصة تتسم بالموضوعية والنزاهة والدقة، بالإضافة إلى إصدار تشريع يؤكد الالتزام بهذه الشروط، بحيث يبدأ العمل به مع بداية تنفيذ الجامعة المنتجة.

وبالإضافة لشروط القبول التي سبق عرضها هناك بعض الاعتبارات التي ينبغي أن تؤخذ بعناية عند تحديد أعداد المقبولين في الجامعات بصفة عامة، وفي الجامعة المنتجة بصفة خاصة.

ومن أهمها[1]:

---

(١) انظر على سبيل المثال:

- محمود عباس عابدين، مرجع سبق ذكره، ص ٣٠٧.
- محمد حسنين عبده العجمي، "نحو تصور مقترح لمسارات إصلاح التعليم الجامعي لتهيئة الشباب لمواجهة تحديات القرن الحادي العشرين"، بحث مقدم إلى المؤتمر السنوي الثالث عشر لقسم أصول التربية، " دور التربية في خدمة المجتمع وتنمية البيئة"، كلية التربية، جامعة المنصورة، ٢٤ - ٢٥ ديسمبر ١٩٩٦م، ص ١٩٣.

- احتياجـات خطـط التنميـة الاقتصـادية والاجتماعيـة مـن الخـريجين في التخصصات المختلفة مع التركيـز علـى احتياجات المحافظـة أو المحافظات التي تقع الجامعـة في نطاقها، ويستلزم ذلـك تعاونـا بـين المجلس الأعـلى للجامعـات والـوزارات المعنيـة بالإنتـاج والخـدمات والقـوى العاملـة والتخطيط.
- الميزانيات المادية المتاحة للجامعة.
- إمكانات الجامعة من المباني والمعامل وغيرها من التجهيزات.
- الإمكانات البشرية للجامعة وبخاصة مـن أعضـاء هيئـة التـدريس، ويمكن الاسترشاد في هذا الشأن بالمعدلات المقبولـة مـن الطـلاب إلى أعضـاء هيئـة التدريس.

الفصل الثالث
دور الجامعة المنتجة
فى مواجهة خصخصة التعليم الجامعي

من استقراء أسس الجامعة المنتجة ووظائفها وتخصصاتها وشروط القبول بها يتبين أنه في حالة تنفيذ الجامعة المنتجة - على النحو الذي سبق عرضه - فإنها ستؤدي إلى التغلب على معظم مشكلات التعليم الجامعي الحكومي، ومن ثم تحقيق الأغراض التي دعت إلى وجود الجامعات الخاصة في مصر. ويمكن أن يتضح ذلك من خلال عرض الفوائد التي ستترتب على تنفيذ الجامعة المنتجة والتي من أبرزها:

- إعداد الطلاب بالصورة التي تحقق متطلبات المجتمع من الناحية الكمية والكيفية، وتحقيق التواءم بين مخرجات التعليم الجامعي واحتياجات عملية التنمية.
- تقديم تعليم جامعي جيد يتناسب مع قدرات الفرد ورغباته تطبق فيه الأساليب والنظم الإدارية المتقدمة وتستخدم فيه التكنولوجيا الحديثة.
- تحقيق الالتحام بين التعليم والعمل من خلال ربط محتوى الإعداد بمتطلبات سوق العمل، وتزويد خريجي الجامعة بالخبرات العملية التي تساعدهم على الالتحاق بالعمل الذي أعدوا له والوفاء بمتطلباته مباشرة بعد التخرج دون الحاجة إلى دراسة برامج تعليمية مكملة في بني تعليمية موازية للجامعة.
- تحقيق الارتباط الوثيق بالمجتمع من خلال: توجيه الأبحاث التطبيقية لحل مشكلات المجتمع الفعلية، والقضاء على عزلة البحث العلمي عن واقع الحياة والتنمية، وتقديم العديد من الأنشطة والبرامج التي تسهم في التعليم المستمر والنمو المهني لأفراد المجتمع؛ الأمر الذي يحقق المشاركة الفعالة التي تقوم على رغبة المجتمع في الإستفادة من إنجازات الجامعة التي تجذبه بتفوقها ونجاحها.
- وجود التخصصات الحديثة المرتبطة بالتقدم العلمي والتكنولوجي، والتي تؤدي إلى جذب شرائح من الطلاب المصريين والعرب القادرين ماديا وتلبية رغباتهم، وفي الوقت نفسه تسهم هذه التخصصات في عملية التنمية.

- التخفيف إلى حد كبير من الأعباء المالية التي تتحملها الدولة في الإنفاق على التعليم الجامعي، وذلك لأن الجامعة المنتجة ستحصل على جزء كبير من نفقاتها من خلال ما تقدمه من أنشطة ومشروعات وبرامج لأفراد المجتمع، ومن خلال ما تنتجه من منتجات وسلع، بالإضافة إلى الأموال التي سيدفعها الطلاب غير المصريين الذين سيلتحقون بالجامعة.
- تحقيق قدر أكبر من الحرية الأكاديمية للجامعة، واتخاذها لمواقف واضحة ومحددة حيال القضايا التي تهمها وتهم المجتمع، ومن الأمور التي ستساعد الجامعة المنتجة في تحقيق هذا أنها لن تعتمد في تمويلها على الدولة إلا في جزء بسيط.
- مراعاة قدرات الطلاب ورغباتهم عند تحديد الطلاب المقبولين بالجامعة، وعدم الاقتصار على مجموع درجات الطالب في الثانوية العامة فقط؛ وبذلك تتاح الفرصة للطلاب الذين لديهم القدرة والاستعداد الدراسي للإلتحاق بالكليات التي تتناسب مع قدراتهم ورغباتهم، حتى وإن كان مجموع درجاتهم في الثانوية لا يسمح بقبولهم، وعلى ذلك يتحقق غرض مهم من أغراض خصخصة التعليم الجامعي وهو إتاحة الفرصة للطلاب ذوي المجاميع المنخفضة الذين تتوافر لديهم القدرة على الدراسة في كلية معينة للإلتحاق بهذه الكلية بعد نجاحهم في الاختبارات والمقاييس التي تقيس قدراتهم وتكشف عن رغباتهم.

وبالنظر إلى النقاط السابقة والتي تمثل الفوائد التي ستترتب على تنفيذ الجامعة المنتجة، يلاحظ أن هذه الفوائد تمثل أهم الأغراض التي من أجلها نادى البعض بخصخصة التعليم الجامعي، حيث أكد هؤلاء أن هذه الأغراض لن تتحقق إلا من خلال وجود الجامعات الخاصة في مصر، إلا أن الجامعة المنتجة - إن تم تنفيذها بالصورة المرجوة - يمكنها تحقيق معظم هذه الأغراض، وعلى ذلك يمكن أن تكون الجامعة المنتجة بديلا مناسبا لخصخصة التعليم الجامعي في مصر بشرط اتباع

مجموعة من الإجراءات اللازمة لتنفيذ هذه الصيغة بنجاح، وسيحاول الباحث عرض بعض هذه الإجراءات في الجزء التالي.

بعض الإجراءات التي ينبغي اتباعها لتنفيذ فكرة الجامعة المنتجة:

بعد أن تبين من العرض السابق الدور الذي يمكن أن تسهم به الجامعة المنتجة في مواجهة خصخصة التعليم الجامعي، يصبح من الضروري التعرف على الإجراءات التي ينبغي اتباعها لتنفيذ هذه الصيغة التعليمية ومن أهم هذه الإجراءات ما يلي:-

- توعية المسئولين عن التعليم الجامعي بمفهوم الجامعة المنتجة وأسسها ودورها في مواجهة مشكلات التعليم الجامعي وتطويره.

- إصدار تشريع يساعد في تبني صيغة الجامعة المنتجة وتطبيقها.

- تطبيق نظام الساعات المعتمدة، بحيث يستطيع الطالب أن يختار ما يراه من مقررات تتناسب مع قدراته وميوله، ويتطلب تطبيق هذا النظام وجود وفرة نسبية في أعضاء هيئة التدريس.

- إعادة النظر في المباني الجامعية القائمة وتجهيزاتها، بحيث تتوافر في هذه المباني وتجهيزاتها المواصفات التي تسمح بتنفيذ الجامعة المنتجة والتي من بينها: مرونة المباني وقابليتها للتعديل والإضافة، وسعتها وشمولها لكافة المرافق والتجهيزات مثل المكتبات بأنواعها المختلفة، والمعامل والملاعب والمساكن الجامعية، وأماكن إقامة الندوات والمؤتمرات، والمزارع والورش وغيرها من الإمكانات الفيزيقية الضرورية: ومن الضروري تحقيق أقصى ـ استفادة من الإمكانات المتاحة، وتحقيق أعلى قدر من الكفاءة في استخدام مختلف التجهيزات لتقليل الهدر بقدر الإمكان.

- تدريس مادة اللغة الإنجليزية لجميع الطلاب مع توظيفها بالشكل الذي يخدم كل طالب في تخصصه، وذلك حتى يستطيع أن يواكب الجديد في المجال الذي يهمه من خلال الاطلاع على الدوريات والمراجع بأكثر من لغة.

- إصدار تشريعات تتعلق ببعض مجالات الخدمة العامة للجامعة تستهدف توثيق العلاقة بين الجامعة ومؤسسات المجتمع؛ ففي مجال التدريب يمكن أن تصدر بشأنه تشريعات تجعل منه أمرا إلزاميا للمهنيين وموظفي الدولة مرة كل خمس سنوات على الأقل، وكذلك مجال الاستشارات ينبغي أن يصدر بشأنها تشريعات تجعلها مرتبطة بالجامعات وتتم من خلالها، وفي حالة الحاجة إلى استشارات بيوت الخبرة الأجنبية فإنه يجب ألا تلجأ إليها المؤسسات الحكومية إلا من خلال الجامعة، وذلك لتكتسب الجامعة الخبرة في تلك المجالات التي لم تتوفر لديها، أما إذا توفرت الخبرة لديها فلا مجال للاستعانة بخبرة أجنبية على الإطلاق [١].
- الاهتمام بأعضاء هيئة التدريس مهنيا وعلميا وتوفير المناخ الذي يشجعهم على العطاء والعمل ، وذلك لأن عضو هيئة التدريس بالجامعة هو المحور الأساسي لنجاح رسالتها، ولا يمكن تحقيق أي تطوير في مجال التعليم الجامعي دون وجود أعضاء هيئة تدريس متميزين. وبالتالي فدور الجامعة المنتجة في بحث مشكلات المجتمع المحلي والعمل على حلها، وفي تقديم المشورة لمؤسساته وأفراده، وفي تدريب قواه البشرية وتوعيتها، وفي تشجيعه على الاستفادة من إمكانات الجامعة، مرتبط بالعنصر البشري فهو الذي يدرس المشكلات التي تواجه المجتمع وهو الذي يقدم الاستشارة، وهو الذي يدرب ويبصر أبناء المجتمع، ومن ثم فتطبيق الجامعة المنتجة مرهون بتوافر أعضاء هيئة تدريس يتمتعون بالخصائص التالية :-

(١) محمد حسنين عبده العجمي، "نحو تصور مقترح لمسارات إصلاح التعليم الجامعي لتهيئة الشباب لمواجهة تحديات القرن الحادي العشرين"، بحث مقدم إلى المؤتمر السنوي الثالث عشر- لقسم أصول التربية، " دور التربية في خدمة المجتمع وتنمية البيئة"، كلية التربية، جامعة المنصورة، ٢٤ - ٢٥ ديسمبر ١٩٩٦م، ص ١٩٣.عبد العزيز عبد الله السنبل، نور الدين محمد عبد الجواد، مرجع سبق ذكره، ص ٢٠٦.

- المهارة والمعرفة باستخدام نظم المعلومات الحديثة وتقنياتها.
- المعرفة بعلاقة تخصصاتهم بالتخصصات الأخرى القريبة أو ذات العلاقة بتخصصاتهم بما يجعلهم قادرين على المشاركة في المجالات العلمية والتقنية متداخلة التخصصات.
- الاهتمام بربط تدريسهم وبحوثهم بمشكلات المجتمع واحتياجات المؤسسات الإنتاجية، وعدم حصر اهتمامهم فيما يقومون به من تدريس وبحوث نظرية أو تطبيقية في أقسامهم أو مختبراتهم المنعزلة [١]
- الجدية والأمانة العلمية ورعاية طلابهم علميا وثقافيا واجتماعيا.

ولكي تتحقق هذه الخصائص فإن الأمر يتطلب القيام بمجموعة من الإجراءات منها:-

- توفير مصادر المعلومات ونظمها المناسبة لكل تخصص، وتسهيل حضور أعضاء هيئة التدريس للمؤتمرات والدورات التخصصية لإطلاعهم على كل جديد في مجال عملهم، وإتاحة الفرصة لهم للعمل كمستشارين أو خبراء في المؤسسات العامة أو الخاصة المناسبة لتخصصاتهم [٢].
- تبادل الخبرات بين أعضاء هيئة التدريس وبين الخبراء في مواقع العمل المختلفة في إعداد البرامج الدراسية وتطويرها لضمان الحفاظ عل مستوى متقدم لهذه البرامج، ولتجنب وجود فجوة كبيرة بين ما يدرسه الطالب في الجامعة وبين ما يواجهه ويمارسه في الحياة العملية.
- فتح قنوات علمية متعددة بين الجامعة والجامعات الأجنبية المتقدمة، يمكن من خلالها تطوير المستوى العلمي لعلمائها والوقوف على كل جديد في عالم المعرفة.

---

(١) محمد سيف الدين فهمي، مرجع سبق ذكره، ص ١٨٦.

(٢) محمد حسنين عبده العجمي، مرجع سبق ذكره، ص ١٩٦.

- تقييم أداء عضو هيئة التدريس بالجامعة من خلال أدواره المتعددة كمعلم وقائد اجتماعي وباحث جيد.

- رفع المستوى المادي لأعضاء هيئة التدريس حتى يتفرغوا لمهامهم العلمية والبحثية بدلا من ضياع جهدهم ووقتهم في البحث عن مصادر أخرى للدخل.

- تطوير الدراسات العليا ، حيث تعد مرحلة الدراسات العليا من أهم معايير الحكم على كفاءة الجامعة؛ ولذا فالدراسات العليا في الجامعة المنتجة ينبغي أن تحتل مكانتها التي تتناسب معها، ويتطلب هذا القيام ببعض الإجراءات من بينها :-

- التنسيق بين أقسام الدراسات العليا وتحقيق التكامل بينها من خلال استحداث برامج جديدة لدرجات علمية عليا يشترك في منحها أكثر من قسم داخل الجامعة الواحدة.

- إدخال مقررات دراسية متقدمة ومناهج بحثية جديدة تواكب التغيرات الحالية.

- التأكد من توافر الشروط المناسبة عند اختيار طلاب الماجستير والدكتوراه والتي منها: تمكنهم من اللغة الأجنبية، وقدراتهم البحثية المناسبة، ومهاراتهم الفكرية.

- تصميم خرائط بحثية متكاملة في الدراسات العليا تشترك في تنفيذها بعض التخصصات والأقسام دعما للعمل العلمي الجماعي وخدمة للقضايا المجتمعية الملحة [1]، على أن يتم تطوير هذه الخرائط باستمرار وفقا لاحتياجات ومتطلبات المجتمع.

---

(١) ضياء الدين زاهر، " الدراسات العليا العربية وتحديات الألف الثالثة"، بحث مقدم إلى مؤتمر التعليم العالي العربي وتحديات مطلع القرن الحادي والعشرين، مرجع سبق ذكره، ص ٢٣٣.

- توفير الإمكانات المطلوبة للدراسات العليا من مراجع وموارد وأجهزة وغيرها.

- تشجيع المبادرات والجهود الشعبية للمشاركة في تمويل الدراسات العليا وفتح الباب أمام المؤسسات الإنتاجية للإسهام في هذه المرحلة بما يضمن موارد ثابتة.

- تطوير الإدارة الجامعية ، فلكي تتحقق أسس الجامعة المنتجة ووظائفها بالصورة المرجوة، فمن الضروري أن تتوافر في إدارتها مجموعة من السمات من أهمها قدرتها على توجيه الطاقات والإمكانات الفكرية والمادية المتاحة لخدمة المجتمع وتطويره، واستجابتها لما يحدث حولها من تغيرات، وحرصها على توفير المناخ الذي يشجع على العمل. ومن الإجراءات التي تسهم في تحقيق هذه السمات، اتباع أساليب إدارية متطورة تتيح الفرصة لمعظم العاملين بالجامعة للمشاركة في إدارتها، وتسيير شئونها مثل الإدارة بالنظم التي تنظر للجامعة على أنها مجموعة من النظم المترابطة والمتفاعلة التي تعمل معا من أجل تحقيق مهام محددة، وضرورة التخلص من الأساليب البيروقراطية في الإدارة، والاستفادة من الأجهزة والتقنيات الحديثة مثل الكمبيوتر وبرامجه المتنوعة، وتقليل المستويات الإدارية التي تعوق الاتصال الفعال وسرعة الإنجاز، واعتبار القسم الأكاديمي هو الوحدة الأساسية التي تبني عليها القرارات الإدارية.

- إعادة النظر في نمط إعداد الطلاب في المرحلة الثانوية العامة ، باعتبارها تمد الجامعة المنتجة بمدخلاتها من الطلاب؛ فمن الضروري أن يسهم نمط إعداد الطالب في هذه المرحلة في تكيفه ونجاحه في الجامعة مستقبلا، وعلى ذلك يجب التركيز في إعداد طالب المرحلة الثانوية العامة على تنمية المهارات العقلية الأعلى من التذكر، ودعم قدرته على التعلم الذاتي، وإجراء التجارب،

والوصول إلى المعلومة بذاته وتحت إرشـاد مـن معلمـه، وتدريبـه عـلى النقد الموضوعي، وتحمل المسئولية، والمشـاركة في الأنشطة المجتمعيـة المختلفة.

خاتمة الدراسة :

تناولت الدراسة في عرضها السابق مفهوم خصخصة التعليم الجامعي وأنماطها، وأتضـح مـن خـلال العـرض أن الدراسـة تؤيد نمطـى الخصخصة المرغوبـة والمعتدلة،بينما تتحفظ على نمط الخصخصة القصوى وهو النمط الـذي تركز عليه الدراسة الحالية. وبعد ذلك قامت الدراسة بمناقشة وتحليل المبررات والأغراض التي استند إليها مؤيدو خصخصة التعليم الجامعي، وتوصلت إلى أن وجود الجامعات الخاصة لـن يحقـق هـذه الأغراض، وأن التعليـم الجامعي الخاص لـن يكون أكثر عائدا مـن الناحيـة الاقتصادية، ولا أفضل نوعيـة،ولا أكـثر عدالـة على الصعيد الاجتماعي، ويمكن أن يطرح من المشكلات أكثر مما يحل منها.

ثم طرحت الدراسة بديلا للجامعات الخاصة وهو الجامعة المنتجة وناقشت مفهومها وأسسها ووظائفها وتخصصاتها وشروط القبـول بها ودورها في مواجهـة خصخصة التعليم الجامعي، وتبيّن من خلال عرض العناصر السابقة أن الجامعة المنتجة ـ في حالة تنفيذها كما ينبغي ـ يمكن أن تتغلب على مشكلات التعليم الجامعي، ومن ثم تحقق معظم الأغراض المتوقعة مـن الجامعات الخاصة والتي من أبرزها: إعداد الطلاب بالكم والكيف المناسبين لمتطلبات المجتمع واحتياجاته، والتحام التعليـم بالعمـل، والارتبـاط الوثيـق والمشـاركة الفعالـة بـين الجامعـة والمجتمع، والتخفيف مـن الأعبـاء التي تتحملها الدولة في الإنفاق على التعليم الجامعي، وإتاحـة الفرصة للطلاب ذوي المجاميع المنخفضة الـذين يثبتـون صلاحيتهم للدراسة للالتحاق بالجامعة.

وعلى ذلك استخلصت الدراسة نتيجة مؤداها أن الجامعة المنتجة يمكن أن تكون بديلا مناسبا للجامعات الخاصة بشرط أن تتخذ الإجراءات المناسبة لتنفيذ هـذه الصيغة التعليمية والتي من بينها: توعية المسئولين عن التعليم الجامعي، بمفهوم

الجامعة المنتجة وأسسها ودورها في مواجهة مشكلات التعليم الجامعي ، وإصدار تشريع يساعد في تنفيذها، وإعادة النظر في المباني الجامعية وتجهيزاتها، وتطبيق نظام الساعات المعتمدة، وتحقيق التعاون والمشاركة الفعالة بين الجامعة والمؤسسات المجتمعية بأنواعها المختلفة، والاهتمام بتنمية أعضاء هيئة التدريس مهنيا وعلميا وتوفير المناخ الذي يشجعهم على العمل، وتطوير الدراسات العليا والإدارة الجامعية.

وبعد:

فلعله قد أتضح من العرض السابق أن الجامعة المنتجة تعد بديلا مناسبا لخصخصة التعليم الجامعي، ومن ثم فإن الدراسة الحالية توصى بتنفيذها مع مراعاة الإجراءات والضوابط التي تضمن نجاح عملية التنفيذ.

## ملحق رقم (١)

الجريدة الرسمية ـ العدد ٣١ (تابع) في ٣٠ يوليو سنة ١٩٩٢
قانون رقم ١٠١ لسنة ١٩٩٢ بشأن إنشاء الجامعات الخاصة
باسم الشعب ـ رئيس الجمهورية
قرر مجلس الشعب القانون الآتي نصه، وقد أصدرناه:

( المادة الأولى ) : يجوز إنشاء جامعات خاصة تكون أغلبية الأموال المشاركة في رأسمالها مملوكة لمصريين، ولا يكون غرضها الأساسي تحقيق الربح ، ويصدر بإنشاء الجامعات الخاصة وتحديد نظامها قرار من رئيس الجمهورية بناء على طلب جماعة المؤسسين وعرض وزير التعليم وموافقة مجلس الوزراء.

( المادة الثانية ) : تهدف الجامعة إلى الإسهام في رفع مستوى التعليم والبحث العلمي، وتوفير التخصصات العلمية الحديثة لاعداد المتخصصين والفنيين والخبراء في شتى المجالات بما يحقق الربط بين أهداف الجامعة واحتياجات المجتمع المتطورة وأداء الخدمات البحثية للغير ، وعلى الجامعة أن توفر أحدث الأجهزة المتطورة .

( المادة الثالثة ) : يكون للجامعة شخصية اعتبارية خاصة ، ويمثلها رئيسها أمام الغير، وتتكون من أقسام أو كليات أو معائد عليا متخصصة أو وحدات بحثية.

ويبين القرار الصادر بإنشاء الجامعة الأحكام المنظمة لها ، وبصفة خاصة:

- تكوين الجامعة.
- تشكيل مجلس الجامعة وغيره من المجالس الجامعية واللجان المنبثقة عنها واختصاصاتها ونظم العمل بها.

- بيـان الـدرجات العلميـة والشـهادات والـدبلومات التي تمنحهـا الجامعـة والشروط العامة للحصول عليها.
- شروط قبول الطلاب الحاصلين على شهادات الثانوية العامة أو ما يعادلها ، وكذلك القواعد العامة للمنح المخفضة أو بالمجان للطلاب المصريين.

(المادة الرابعة ) : تعتبر الدرجات العلمية والشهادات والدبلومات التي تمنحها الجامعة الخاصة معادلة للدرجات العلميـة والشـهادات والـدبلومات التي تمنحهـا الجامعة المصرية، وفقا للقواعد والإجراءات المقررة لمعادلة الدرجات العلمية.

(المادة الخامسة ) : تدير الجامعة أموالها بنفسها، وتحدد مصروفاتها الدراسية، وللجامعة الخاصة أن تقبل التبرعات والوصايا والهبات والمنح التي تحقق أغراضها، سواء من داخل جمهورية مصر العربية أو من خارجها، بما يتفق ومصالح البـلاد، وتعطى مبالغ التبرعات والهبات من ضرائب الدخل، في الحدود المقررة في القانون رقم ١٥٧ لسنة ١٩٨١.

(المادة السادسة ) : يكون للجامعة مجلس أمناء يشكل على النحو الـذي تبينـه اللائحة الداخلية لها من بين المؤسسين وغيرهم على أن يكون من بين أعضائه رئيس الجامعة ونخبة من كبار العلماء والأساتذة المتخصصين والشخصيات العامة.
ويشكل مجلس الأمناء الأول بقرار من جماعة المؤسسين.

(المادة السابعة ) : يختص مجلس الأمناء بتعيين رئيس الجامعة ونوابه وأمينها العام وأعضاء مجلس الجامعة، ويكون تعيين رئيس الجامعة لمـدة أربـع سـنوات قابلة للتجديد بعد موافقة وزير التعليم، ويجب أن يكون رئيس الجامعة مصريا.

( المادة الثامنة ) : يضع مجلس الأمناء ، بعد أخذ رأي مجلس الجامعة، اللوائح الداخلية لادارة شئون الجامعة وتسيير أعمالها، وتتضمن القواعد الخاصة استخدام صافي الفائض الناتج عن نشاط الجامعة طبقا لميزانيتها السنوية.

( المادة التاسعة ) : يختص مجلس الجامعة بصفة خاصة بما يأتي:

١. تحديد شروط القبول بكل قسم أو كلية آو معهد عال متخصص أو وحدة بحثية .

٢. تحديد قواعد اختيار العمداء ، والوكلاء ومجالس الأقسام والكليات والمعاهد العليا المتخصصة والوحدات البحثية، ويعين أعضاء هيئات التدريس بالجامعة من جمهورية مصر العربية أو من الخارج.

وتجب موافقة وزير التعليم على تعيين أو تجديد تعيين المرشحين من غير المصريين لشغل الوظائف القيادية ووظائف هيئة التدريس.

( المادة العاشرة ) : يعين وزير التعليم مستشار للجامعة يكون ممثلا له لمدة سنتين قابلة للتجديد بع التشاور مع مجلس الأمناء ويكون عضوا بمجلس الجامعة.

( المادة الحادية عشرة ) : ينشر هذا القانون في الجريدة الرسمية، ويعمل به اعتبار من اليوم التالي لتاريخ نشره.

يبصم هذا القانون بخاتم الدولة وينفذ كقانون من قوانينها.

صدر برئاسة الجمهورية في ٢١ المحرم سنة ١٤١٣هـ ( الموافق ٢٢ يوليو سنة ١٩٩٢م)

** ** ** ** **

الدراسة الثالثة
الإدارة الجامعية
بين التفاعل مع التحديات المعاصرة
ومشكلات الواقع

**مقدمة**

تواجه المجتمعات اليوم - علي اختلاف درجة تقدمها - مجموعة من التحديات الكبرى أفرزتها التغيرات السريعة والمتلاحقة التي حدثت علي كافة الأصعدة وفي مختلف المجالات.

ففي مجال العلم والتكنولوجيا أصبح التزايد المعرفي مذهلا إلي الدرجة التي جعلت بعض الكتابات تعتبر أن كلمة " انفجار " أصدق تعبير عن هذا التزايد.

كما "صاحب هذا الانفجار سرعة مذهلة في تطبيق نتائج العلم، وهو ما يسمي بالتكنولوجيا، مما أسهم في تغيير معالم الحياة ووقعها بشكل كبير" [(١)].

وفي المجال السياسي تقلص دور الدولة نظرا لظهور مجموعة من المؤسسات والمنظمات الأهلية غير الحكومية علي الساحة السياسية العالمية ، والتي أصبحت تلعب دورا فعالا في معالجة قضايا كثيرة مثل قضايا حقوق الإنسان والسكان والبيئة.

الأمر الذي أدي إلي وجود المجتمع المدني العالمي الذي أصبح يراقب نشاطات الدول وسياساتها في القضايا الاجتماعية والإنسانية [(٢)].

أما في المجال الاقتصادي فقد ظهرت بعض المستجدات والتطورات الاقتصادية من أبرزها الدور المتزايد للشركات عابرة القارات تلك التي ليس لها هوية أو جنسية محددة ، وليست تنتمي لدولة أو منطقة جغرافية معينة.

وكذلك الاتجاه العالمي المتزايد نحو التحرر الكامل للتجارة العالمية التي دخلت

(١) عبد الفتاح أحمد حجاج ، "رؤي مستقبلية لإعداد المعلم العربي في ضوء تحديات القرن الحادي والعشرون" ، مجلة كلية التربية ، جامعة الإمارات ، عدد خاص ببحوث مؤتمر (تربية الغد في العالم العربي : رؤي وتطلعات)، في الفترة من ٢٤ – ٢٧ ديسمبر ١٩٩٥، جامعة الإمارات العربية المتحدة، العين، المجلد الأول ، ١٩٩٧، ص ١٧٩.

(٢) عبد الخالق عبد الله، "العولمة : جذورها وفروعها وكيفية التعامل معها "، مجلة عالم الفكر، الكويت ، المجلس الوطني للثقافة والفنون والآداب ، المجلد ٢٨، العدد ٢، أكتوبر /ديسمبر ١٩٩٩، ص ٨٥.

مرحلة الانفتاح التام غير الخاضع للقيود أو التحكم، وذلك بعد توقيع اتفاقية الجات وقيام منظمة التجارة العالمية عام ١٩٩٦.

هذا بالإضافة إلي انتشار النموذج الاقتصادي الرأسمالي الذي كان من أبرز نتائجه تحرير الاقتصاد، ونمو وانتشار القطاع الخاص في معظم المجتمعات.

هذه التحديات التي يشهدها عالمنا المعاصر - كما يري بعض المؤرخين - ليست وليدة اليوم بل "تكونت بصفة خاصة في العقود الأربعة الأخيرة من القرن العشرين ، وينتظر أن تتطور في اتجاهها الموجود حاليا إلي ثلاثة أو أربعة عقود قادمة من القرن الحالي" [1].

وتفرض هذه التحديات نفسها ووجودها علي حياة المجتمعات، وتجعل مواجهتها أمرا حتميا علي المؤسسات والأفراد خاصة المسئولين والمفكرين، عن طريق إيجاد البدائل المناسبة التي من خلالها يمكن التفاعل مع تلك التحديات.

ومن ثم أصبح من الضروري علي الدول المختلفة - سواء المتقدمة أو النامية - أن تواجه هذه التحديات من قبل كافة مؤسساتها الاجتماعية ، وفي طليعتها الجامعات بوصفها تمثل رافدا أساسيا يزود مؤسسات المجتمع بالكوادر المؤهلة علميا، والقادرة علي التعامل مع التغيرات العالمية والمحلية ومواجهة ما ينجم عنها من تحديات.

وفي ضوء ذلك كان علي الجامعات أن تعيد النظر فيما تقدمه من جهود وأنشطة سواء في مجال تعليم الطلاب، أو في مجال إجراء البحوث والدراسات، أو في مجال خدمة المجتمع المحلي واقتراح الحلول العلمية لمشكلاته.

ويتطلب هذا بالضرورة إعادة النظر في عناصر ومكونات العملية التعليمية بالجامعة ، خاصة الإدارة الجامعية ؛ باعتبارها الركيزة الأساسية التي يتوقف علي

---

(١) إسماعيل صبري عبد الله ، " توصيف الأوضاع العالمية المعاصرة"، القاهرة ، أوراق مصر- ٢٠٢٠، منتدى العالم الثالث، مكتب الشرق الأوسط ، العدد ٢٣ ، يناير ١٩٩٩ ، ص ٣.

مدي جودتها نجاح الجامعة فيما تقوم به من جهود وأنشطة، وباعتبارها المسئولة عن ضبط العمل الأكاديمي وقيادته، وتهيئة المناخ العلمي لأداء جامعي أفضل.

وتأتي الإدارة الجامعية على رأس أولويات تطوير التعليم الجامعي، ولا يمكن أن ينجح العمل الجامعي أكاديميا أو بحثيا أو خدمة للمجتمع والبيئة، ما لم تكن على رأسه إدارة علمية متطورة واعية ومخلصة، بداية من رئيس الجامعة ومرورا بنوابه ... وصولا إلى رؤساء الأقسام.

والمستقرئ للكتابات والدراسات التي تناولت التعليم الجامعي في الدول المتقدمة بخاصة يلحظ أن هناك اهتماما متزايدا بتقويم وتحديث الإدارة الجامعية ، بما يتلائم مع المتغيرات العالمية والمحلية (١).

وفي مصر- بذلت محاولات عدة لإصلاح التعليم الجامعي بصفة عامة ، والإدارة الجامعية بصفة خاصة من أجل ملاحقة التطورات والتغيرات المتسارعة

---

(١) See for example ;

- Thomas , H.G.,"Management by Results in Higher Education", Higher Education Management,July ٢٠٠١,Vol. ١٠ , No .٢, PP., ٩٥-١٠٦.
- Michael , S.Q., "The Management of Higher Education : Challenges before Higher Education Leaders in the Twenty - First Century ", Presented at The First International Conference On Moldavan, December ١٨-١٩, ٢٠٠١, PP,١-٤٨.
- Johanstone, B., "The Financing and Management of Higher Education : A status Report on Worldwide Reforms ", Presented at UNESCO World Conference on Higher Education , Held in Paris , France in October ٥-٩, ١٩٩٨, PP., ١ - ٣٢, in : www.ibe.unesco.org/ international/ publications /prospects/proshome.htm.
- Trinczek , R. & West, A.,"Using Statistics and Indicators to Evaluate Universities in Europe: Aims, Fields , Problems and Recommendations", European Journal of Education , Vol. ٣٤, No.٣, ١٩٩٩ , PP., ٣٤٣-٣٥٥.

محليا وعالميا.

وعلي الرغم من ذلك فإن تحليل أوضاع التعليم الجامعي يكشف عن كثير من جوانب الخلل التي ترجع في جزء كبير منها إلى قصور الإدارة الجامعية من أبرزها[(١)] : عدم تمكن التعليم الجامعي من تقديم الحلول الحقيقية لمشكلات البيئة المحلية، وضعف قدرته على الالتحام مع ثورة المعلوماتية، وكذا ضعف الحرية الأكاديمية للطلاب والأساتذة، وضعف الاهتمام بالأنشطة الطلابية، بالإضافة إلى غلبة الطابع الإداري التقليدي والروتيني على أداء الإدارة الجامعية، وإهمالها للأنشطة والممارسات المتطورة المرتبطة بالجوانب التعليمية والبحثية والإدارية، بعبارة أخرى إهمالها للأخذ بالاتجاهات الحديثة في العمل الجامعي، وضعف استجابتها للتحديات المعاصرة.

---

(١) راجع علي سبيل المثال :

- وزارة التعليم العالي، "مشروع الخطة الاستراتيجية لتطوير منظومة التعليم العالي" (المؤتمر القومي للتعليم العالي)،في الفترة من ١٣ - ١٤ فبراير ٢٠٠٠، مركز القاهرة الدولي للمؤتمرات، القاهرة، ص ص ٥، ٦.
- حسن مختار حسين، "تصور مقترح لتطبيق التخطيط الاستراتيجي في التعليم الجامعي المصري"، مجلة التربية، الجمعية المصرية للتربية المقارنة والإدارة التعليمية، العدد ٦، مارس ٢٠٠٢، ص ص ١٩٦ ، ١٩٨.
- المجلس القومي للتعليم والبحث العلمي والتكنولوجيا، "الأوضاع الإدارية والمالية بالجامعات المصرية وسبل النهوض بها"، المجالس القومية المتخصصة، الدورة الثالثة والعشرون، ١٩٩٥ - ١٩٩٦، ص ص ١٧٨ - ١٨٠.
- يوسف عبد المعطي مصطفى، "نموذج مقترح لتطبيق مفهوم إعادة هندسة العمليات في التعليم الجامعي"، مجلة التربية، مرجع سبق ذكره، ص ص ١٢٤ - ١٢٥.
- محمد أحمد عبد الدايم وأحمد نجم الدين أحمد عيداروس، "رؤساء الجامعات ونوابهم، نظم الاختيار وطبيعة الأدوار في كل من مصر وجمهورية ألمانيا الاتحادية : دراسة مقارنة"، مجلة كلية التربية، جامعة الزقازيق، العدد ٣٨، مايو ٢٠٠١، ص٢١١.
- يحيى عبد الحميد وآخرون، "الإدارة العصرية وجامعة المستقبل"، مؤتمر (رؤية لجامعة في المستقبل)، في الفترة من ٢٣ - ٢٤ مايو ١٩٩٩، جامعة القاهرة، الجزء الثاني، ص ص ٧٢٩ ، ٧٣٤ ، ٧٣٥.
- علي عبد الرؤوف نصار، "معوقات أداء أعضاء هيئة التدريس بالجامعات المصرية : دراسة ميدانية"، رسالة دكتوراه غير منشورة، كلية التربية بالقاهرة، جامعة الأزهر، ٢٠٠١، ص١٩٣.

الأمر الذي حدا بكثير من الدراسات [1] إلى المناداة بضرورة العمل على تطوير أداء الإدارة الجامعية، وإعادة النظر في الأدوار التي تقوم بها، في ضوء ما تفرضه عليها التحديات المعاصرة من أدوار ومهام. كما أشارت تلك الدراسات إلى أن تحقيق ذلك يتطلب العديد من الأمور، من أهمها تحديد الأدوار التي يتعيَّن أن تضطلع بها الإدارة الجامعية في ضوء التحديات المعاصرة، وتوعية القيادات الجامعية بتلك الأدوار، وتدريبهم على كيفية تنفيذها، والكشف عن أهم المشكلات التي تحول دون تفاعل الإدارة الجامعية مع التحديات المعاصرة.

ولذا تحاول الدراسة الحالية تحديد أبرز الأدوار التي يتعيَّن أن تضطلع بها الإدارة الجامعية في ضوء التحديات المعاصرة، والكشف عن أهم المشكلات التي تحول دون تفاعلها مع تلك التحديات، ووضع بعض السبل والإجراءات التي تسهم في التغلب على تلك المشكلات، وتزيد من تفاعل الإدارة الجامعية مع التحديات المعاصرة.

مشكلة الدراسة :

على الرغم من الاهتمام المتزايد بتقويم وتحديث الإدارة الجامعية في الدول المتقدمة بملا يتلاءم مع المتغيرات العالمية والمحلية، وعلى الرغم من أهمية الدور الذي يمكن أن تضطلع به الإدارة الجامعية في تحقيق التفاعل بين التحديات المعاصرة والتعليم الجامعي، فإن هناك بعض الانتقادات التي تُشير إلى ضعف استجابة الإدارة

---

(1) راجع على سبيل المثال :

- يوسف عبد المعطي مصطفى، مرجع سبق ذكره، ص ١٥٠.
- يحيى عبد الحميد وآخرون، مرجع سبق ذكره، ص ص ٧٣٦ - ٧٣٧.
- محمد رجائي الطحلاوي، ويحيى عبد الحميد إبراهيم، "الإدارة العصرية وآليات تسويق الخدمات الجامعية"، مؤتمر (رؤى الجامعات في تسويق الخدمات الجامعية)، في الفترة من ١٨ - ١٩ مارس ١٩٩٨، المجلس الأعلى للجامعات، القاهرة، ص٢١.
- وزارة التعليم العالي، "مشروع الخطة الاستراتيجية لتطوير منظومة التعليم العالي"، مرجع سبق ذكره، ص٨.

الجامعية في مصر للتحديات المعاصرة، الأمر الذي دعا كثير من الكتابات إلى المناداة بضرورة تحديد أدوار الإدارة الجامعية في ضوء التحديات المعاصرة، وتوعية القيادات الجامعية بهذه الأدوار، والكشف عن أهم المشكلات التي تحول دون تفاعل الإدارة الجامعية مع التحديات المعاصرة، وتقديم السبل والإجراءات التي تسهم في التغلب على تلك المشكلات، وتزيد من تفاعل الإدارة الجامعية مع التحديات المعاصرة.

وعلى ذلك يمكن التعبير عن مشكلة الدراسة في التساؤلات التالية :

(١) ما أبرز التحديات المعاصرة ؟ وما انعكاساتها على التعليم الجامعي ؟

(٢) ما أدوار الإدارة الجامعية ومهامها في ضوء انعكاسات التحديات المعاصرة على التعليم الجامعي ؟

(٣) ما أبرز المشكلات التي تعوق الإدارة الجامعية عن التفاعل مع التحديات المعاصرة؟

(٤) ما السبل والإجراءات التي تسهم في التغلب على المشكلات التي تواجه الإدارة الجامعية وتزيد من تفاعلها مع التحديات المعاصرة؟

منطلقات الدراسة :

- التعليم الجامعي باعتباره نظاما فرعيا sub-system لابد أن يتأثر بالتحديات التي يواجهها المجتمع، ومن ثم لابد أن يتفاعل معها حتى لا يفقد أهميته ومصداقية وجوده.

- الإدارة الجامعية باعتبارها المسئولة عن ضبط وقيادة العمل الأكاديمي ، وتهيئة المناخ العلمي لأداء جامعي أفضل يمكنها أن تقود عملية تطوير عناصر التعليم الجامعي بما يمكنه من التفاعل مع التحديات المعاصرة .

- يُعد الكشف عن أبرز المشكلات التي تحول دون تفاعل الإدارة الجامعية مع التحديات المعاصرة، والتغلب عليها، أمرا ضروريا لزيادة تفاعل الإدارة

الجامعية مع تلك التحديات.

أهداف الدراسة :

تهدف الدراسة الحالية إلي تحقيق ما يلي :

- توضيح انعكاسات التحديات المعاصرة علي التعليم الجامعي.
- تحديد الأدوار والمهام التي يتعيَّن علي الإدارة الجامعية القيام بها في ضوء انعكاسات التحديات المعاصرة على التعليم الجامعي.
- الكشف عن أبرز المشكلات التي تواجه الإدارة الجامعية ، وتعوقها عن الاستجابة للتحديات المعاصرة.
- اقتراح بعض السبل والإجراءات التي تسهم في التغلب علي مشكلات الإدارة الجامعية، وتزيد من تفاعلها مع التحديات المعاصرة.

أهمية الدراسة :

تنبع أهمية الدراسة من النقاط التالية :

- قد تفيد هذه الدراسة المسئولين عن التعليم الجامعي والعاملين به في التعرف علي التعديلات والتغييرات التي يتعين إجراؤها في عناصر العملية التعليمية بالجامعة؛ لمواكبة التحديات المعاصرة.
- قد تفيد هذه الدراسة المسئولين عن التعليم الجامعي في التعرف علي الأدوار التي يتعيَّن أن تقوم بها الإدارة الجامعية في ضوء التحديات المعاصرة.
- قد تفيد هذه الدراسة المسئولين عن إدارة التعليم الجامعي في التعرف علي بعض السبل والإجراءات التي تسهم في التغلب علي المشكلات التي تعوق الإدارة الجامعية عن التفاعل مع التحديات المعاصرة.

حدود الدراسة :

سوف تركز الدراسة علي الأبعاد التالية :

- التحديات العلمية والتكنولوجية والاقتصادية والسياسية والثقافية ، علي أساس أنها تعد أبرز التحديات المعاصرة وأعمقها تأثيرا في التعليم كما أنها تشمل العديد من التحديات الفرعية الأخرى.
- الأدوار والمهام التي فرضتها التحديات المعاصرة وانعكاساتها علي الإدارة الجامعية ، وليس كل أدوار ومهام الإدارة الجامعية.
- المشكلات التي تحول دون تفاعل الإدارة الجامعية مع التحديات المعاصرة، وليست كل المشكلات التي تواجه التعليم الجامعي.

مفاهيم الدراسة :

الإدارة الجامعية :

يقصد بها في هذه الدراسة : مجموعة الجهود والممارسات التي يقوم بها المسئولون [(١)] عن تسيير شئون التعليم الجامعي علي مستوي الجامعة والكلية والقسم، والتي تتضمن التخطيط للتعليم الجامعي وتنظيمه ومتابعته وتقويمه.

التحديات المعاصرة :

وردت كلمة التحديات في معاجم اللغة علي أنها جمع تحد ، يقال "حداه وتحدَّاه" أي تعمده وتحديتُ فلانا إذا باريته في فعل ونازعته الغلبة [(٢)]. ويحدد البعض معني التحدي بأنه "قوة خلاقة باعثة للتجديد والتغير الاجتماعي والثقافي" أو هو "إشكالية وثغرة تحتاج إلي مواجهة وحل" [(٣)]. وذهب البعض إلي أنه "كل تغير أو تحول - كمي أو كيفي - يفرض متطلبا أو متطلبات محددة تفوق إمكانات

(١) يقصد بالمسئولين على مستوى الجامعة رئيس الجامعة ومجلس الجامعة، وعلى مستوى الكلية عميد الكلية ومجلس الكلية، وعلى مستوى القسم رئيس القسم ومجلس القسم.

(٢) ابن منظور ، لسان العرب ( القاهرة : دار المعارف ، ١٩٧٩ )، الطبعة الثالثة ، ص٥٨٩.

(٣) إبراهيم عبد الله غلوم ، " الثقافة في مجتمعات الخليج العربي : تحديات الشراكة والثقافة المصغرة" ، مجلة عالم الفكر ، المجلس الوطني للثقافة والفنون والآداب بالكويت ، المجلد ٢٧، العدد ٣، يناير /مارس ١٩٩٩، ص ٧١.

المجتمع الآنية، بحيث يجب عليه مواجهتها واتخاذ الإجراءات الكفيلة بتحقيقها" (١).

وفي ضوء ذلك يمكن تحديد مفهوم التحديات المعاصرة في هذه الدراسة بأنه: مجموعة التغيرات العلمية والتكنولوجية والاقتصادية والسياسية والثقافية - الكمية والكيفية - الآنية والمستقبلية، التي تحدث علي المستويين العالمي والمحلي ، وتؤثر علي مجالات المجتمع المختلفة، وتتطلب التخطيط والمواجهة.

منهج الدراسة وخطواتها :

يعد المنهج الوصفي من أكثر المناهج ملائمة لطبيعة الدراسة الحالية، وعليه فإن الخطوات الرئيسة لهذه الدراسة تتمثل فيما يلي :

- رصد التحديات المعاصرة وتوضيح انعكاساتها علي التعليم الجامعي.
- تحديد الأدوار والمهام التي يتعيّن علي الإدارة الجامعية القيام بها للتفاعل مع التحديات المعاصرة.
- تحديد المشكلات التي تعوق الإدارة الجامعية عن التفاعل مع التحديات المعاصرة.
- اقتراح بعض السبل والإجراءات التي تسهم في التغلب علي مشكلات الإدارة الجامعية، وتزيد من تفاعلها مع التحديات المعاصرة.

التحديات المعاصرة وانعكاساتها علي التعليم الجامعي :

لعله من المناسب الإشارة في هذا السياق إلي أن التحديات التي سيتم تناولها متداخلة ومتشابكة ولا يعمل كل منها بصورة منفصلة عن الآخر ، فقد يكون التحدي سببا في ظهور تحد آخر لا يقل عنه أهمية أو نتيجة له؛ فالتحديات العلمية والتكنولوجية - علي سبيل المثال - تعد سببا لبعض التحديات الأخرى مثل

(١) محمد المصيلحي سالم ، "وعي الطالب الجامعي ببعض التحديات التي تواجه المجتمع المصري في الآونة الراهنة" ، مجلة التربية ، كلية التربية ، جامعة الأزهر ، العدد ٧٥ ، نوفمبر ١٩٩٨ ، ص ١٧٧.

التحديات الاقتصادية والاجتماعية والثقافية ، فالثورة في مجال العلم والمعرفة والاتصالات جعلت العالم أكثر اندماجا ، كما سهلت وسرَّعت حركة الأفراد ورأس المال والسلع والمعلومات والخدمات، ومن جانب آخر سهَّلت انتقال المفاهيم والأذواق والعادات فيما بين الثقافات والحضارات، كما أدت إلي تغيرات أساسية في الطريقة التي ينظر بها الأفراد إلي أدوارهم وإلي أسلوب التعامل مع بعضهم البعض.

هذا بالإضافة إلي أن العلم والمعرفة أصبحا - وبشكل متزايد - أساس القوة والغنى والتقدم علي المستويين الفردي والجماعي، باعتبار أن مقياس القوة والغني والتقدم هو الاندماج في الحضارة العلمية والأخذ بمعطيات الثورة المعلوماتية.

كما تجدر الإشارة إلي أن تأثير هذه التحديات لا يقتصر علي الآونة الراهنة، بل يمتد إلي المستقبل أيضا ، ومن ثم فإن تلك التحديات تتطلب بذل مزيدٍ من الجهد علي كافة المستويات والاستعداد لها والتخطيط لمواجهتها ، "وذلك لأن كثيرا من المشكلات التي نعاني منها اليوم في المجتمعين المصري والعربي هي في الأغلب نتيجة لقصر النظرة المستقبلية في الماضي، أو لأننا تجاهلنا النُذُر التي حاولت أن تنبهنا إلي ما نوشك أن نقع فيه من مشكلات مثل : الانفجار السكاني، وتلوث البيئة، ونفاد الموارد، ......... إلي غير ذلك" [1].

هذا بالإضافة إلي أن التعرف علي الاتجاهات العامة للآثار المتوقعة لهذه التحديات لا غني عنه إذا كان التخطيط لمستقبل التعليم هو الهدف .

وانطلاقا من هذا سيتم تناول أبرز التحديات المعاصرة والمتوقعة مستقبلا؛ لتوضيح انعكاساتها علي التعليم الجامعي.

---

(١) محمد نبيل نوفل ، " رؤي المستقبل : المجتمع والتعليم في القرن الحادي والعشرين ، المنظور العالمي والمنظور العربي " ، المجلة العربية للتربية ، المجلد ١٧، العدد ١، يونيو ١٩٩٧، ص ١٨٢.

التحديات العلمية والتكنولوجية :

يشهد العالم ثورة علمية وتكنولوجية متقدمة، وتتسابق الدول في الأخذ بزمام هذه الثورة للسيطرة عليها وامتلاك مقدراتها . ولقد بات التقدم العلمي والتكنولوجي من أهم الظواهر التي تميز العصر ـ الحديث ، وتعود أهميته إلى التأثير العميق الذي يحدثه في كافة جوانب الحياة ، وإلى المشكلات الكثيرة التي يثيرها . ويعتمد التقدم العلمي والتكنولوجي على المعرفة، والاستخدام الأمثل لها والقدرة على توليدها وتنظيمها وتخزينها واستردادها، وعلى سرعة تطبيق نتائج العلم.

ويرتبط التقدم العلمي والتكنولوجي بمجموعة من المفاهيم من أهمها الانفجار المعرفي أو الإفراط المعلوماتي over-information كما يطلق عليه البعض، ومن مؤشراته أن البشرية الآن أصبحت قادرة على أن تنتج في سنوات قلائل كما من المعرفة يفوق ما كانت تنتجه سابقا في قرون [١] .

وكذلك من هذه المفاهيم مفهوم المعلوماتية informatics وهو يشير إلى "مجموع النظم العلمية المختلفة التي تعني بالدراسة النظرية، والتطبيقات العملية، وكافة الجوانب الفنية والاجتماعية المتعلقة باستخدام وتوظيف تكنولوجيا المعلومات مثل علوم الحاسب الآلي، والبرمجيات، وشبكات الاتصال، ونقل البيانات وغيرها" [٢] .

ولقد ترتب على التقدم العلمي والتكنولوجي العديد من التغيرات التي انعكست على كافة مجالات المجتمع البشري، ومن بينها التعليم بمراحله المختلفة، ويمكن توضيح أبرز الانعكاسات على التعليم الجامعي في النقاط التالية :

---

(١) نبيل علي ، " العقل العربي وسط إعصار المعلومات "، مجلة العربي، تصدرها وزارة الإعلام بدولة الكويت ، العدد ٤٩٤ ، يناير ٢٠٠٠، ص ٢٩.

(٢) محمد علي نصر ، " إعداد عضو هيئة التدريس للتعليم والبحث العلمي لمواجهة بعض تحديات عصر المعلوماتية "، مؤتمر (التنمية المهنية لأستاذ الجامعة في عصر ـ المعلوماتية)، في الفترة من ٢٣ - ٢٤ نوفمبر ١٩٩٩، مركز تطوير التعليم الجامعي ، جامعة عين شمس، ص٩٢.

- انهيار الفكرة القائلة بأن تزويد الطالب ببعض الخبرات والتدريب عليها من شأنه أن يمكنه من مواجهة المستقبل ، ومن ثم أصبح من الضروري البحث عن بني وهياكل تربوية جديدة لمواجهة هذه التغيرات التي تتطلب التأكيد علي عدد من المهارات منها : القدرة علي التكيف، وقبول المخاطرة، والمرونة، والقدرة علي استشراف الغد والتهيؤ له.
- بات من الضروري التركيز علي إكساب الطلاب قدرات ومهارات التعامل مع مجتمع المعلوماتية ومن أبرزها : تحصيل المعلومات من مصادرها المتعددة ، وتنظيمها والربط بينها وتوظيفها واستنباط معلومات جديدة منها.
- أدي الانفجار المعرفي إلي زيادة كم المعلومات والحقائق والنظريات بصورة كبيرة ، وترتب علي ذلك زيادة فروع المعرفة وتعددها ، ومن ثم أصبحت هناك حاجة متزايدة لإعداد كوادر علمية متخصصة في هذه الفروع. كما فرضت هذه الزيادة القيام ببعض الإجراءات المهمة منها علي سبيل المثال : بناء قنوات بين الفروع والتخصصات العلمية القديمة والجديدة ؛ حيث أصبح المتخصص في حاجة إلي المعرفة بفروع وتخصصات لم يكن يحتاج إلي معرفتها في السابق [(١)] .
- في ظل الانفجار المعرفي المتمثل في الزيادة الكمية والنوعية في المعرفة وفروعها أصبح من الضروري إعادة النظر في : أسس تخطيط المناهج وبنائها، وكيفية التعامل مع المعرفة من حيث : طرق تدريسها ، وأسلوب تعامل الطلاب وأعضاء هيئة التدريس معها . وكذلك أصبح من الضروري إعادة صياغة المحتوي الدراسي للطالب ؛ بما يشجعه علي البحث والحوار وحل المشكلات، وغير ذلك من الطرق التي تجعله نشيطا وفعالا.

(١) Svarc, J., "The Need for a New University Paradigm in an Innovative Society", European Journal of Education, Op. cit., P., ٣٧٧.

- ستؤدي التغيرات العلمية والتكنولوجيـة - الحاليـة والمستقبلية - إلي تغير معايير تقييم الجامعات وتحولها مـن المعـايير المحليـة إلي المعـايير العالميـة ، وسيصـبح الاعـتماد الأكـاديمي accreditation أمـرا ضروريـا لأي جامعـة . وكـذلك سـيقوي الاتجـاه نحـو تطبيـق المحاسـبية التعليميـة educational accountability والتـي تهـتم بقيـاس نتـائج العمليـة التعليميـة بصـورة مباشرة، من خلال التأكد من أن الأداء الذي تم إنجازه يـتلاءم بدرجـة كبـيرة مع الأهداف المحددة stated objectives[١].
- أدي ظهور ما يسمي بطريق المعلومات فائق السرعة The Information Super High Way والـذي تمثـل شـبكة المعلومـات بدايتـه المتواضـعة إلي زيادة كم المعلومات التي يمكن أن يتعلمها الطالب بنفسه ، ومن ثم أصـبح الـتعلم عـن طريـق الحاسـب الآلي وشـبكات المعلومـات، وتعلـم اللغـة الإنجليزية ، والقدرة علي مواجهة التغير ، من الضرورات المعرفية للطالب.
- ارتبط بالتطور العلمي والتكنولوجي تقدم كبير في وسائل النقل والاتصالات أدي إلي الإقلال من الحدود الفاصلة بين المجتمعات المختلفة من ناحية، وإلي سرعة التبادل الثقافي بينها مـن ناحيـة أخـرى ؛ حيـث أصـبح الإنسـان قـادرا بسهولة علي ملاحقة مجريـات الأحـداث السياسـية والاقتصـادية والتربويـة وغيرها في أي مكان علي سطح الأرض. وتفرض هـذه التغـيرات عـلي التعلـيم الجامعي مسئولية تربية الطلاب تربية ناقدة تسمح لهم بطرح ما يعن لهـم من أسئلة، وتأخـذ بأيـديهم للإجابـة عنهـا. ويتحقـق هـذا بتـدريبهم عـلي : استخدام المنهج العلمي في البحث، واكتساب المهارات اللازمة له، واسـتخدام الآلات والأجهزة العلمية ، بل والتجديد والابتكار

(١) Harrey , L. & Knight , P., Transforming Higher Education (USA : SRHE and Open University Press , ١٩٩٦ ) , P., ٣٨.

فيها.

- في ظل هذا التطور السريع للجانب العلمي والتكنولوجي أصبح التدريب المستمر لعضو هيئة التدريس بعد التعيين في وظيفة مدرس أمرا ضروريا حتى يعرف الجديد في مجال الحاسب الآلي، وشبكات المعلومات، والجديد في نظم التأليف والبحث والاستقصاء، وبنوك الأسئلة بكافة مستوياتها بداية من التذكر حتى المستويات الإبداعية.

- من المتوقع في ظل التغيرات المعرفية والتكنولوجية الحالية أن يتغير دور المعلم الجامعي من مجرد التلقين والإلقاء إلى مساعدة الطالب على أن يعلم نفسه بنفسه؛ لتصبح العملية التعليمية عملية تعاونية مثمرة، فالأستاذ يكون معلما متعلما باحثا، والطالب يكون متعلما باحثا وقد يكون عاملا أيضا. وربما يساعد ذلك الأسلوب الذي يسمي التعلم الذاتي self-learning علي التفاعل العلمي الإيجابي مع الانفجار المعرفي والتكنولوجي الذي يتزايد بمعدلات كبيرة ؛ فطالما تعلم الطالب أن يعلم نفسه بإرشاد من أستاذه ، فسيكون قادرا علي مواجهة هذا الانفجار المعرفي في المستقبل بعقلية ناقدة وشخصية متكاملة (١).

- تفرض التغيرات المعرفية والتكنولوجية الحالية والمتوقعة إعادة النظر في نظم التقويم وأساليبه ، بحيث تكون أساليب التقويم ترجمة لإثراء روح التفكير الناقد عند الطالب بدلا من تركيزها علي قياس جوانب الحفظ والاستظهار. ويجب أن تتم عملية التقويم بصفة دورية علي مدار العام الدراسي ، وتحقق غير هدف، على أن يكون من بين هذه الأهداف توجيه الطلاب إلي الأسلوب العلمي في التفكير ، وتدريبهم علي إيجاد العلاقات بين المعلومات،

(١) محمود عباس عابدين ، "رؤية لتطوير التعليم الجامعي المصري" ، مجلة التربية والتنمية ، العدد ١٦ ، مارس ١٩٩٩، ص ص ٣٠٧، ٣٠٨.

وتوظيفها في مجالات تطبيقية. ولكي يتحقق هذا فمن الضروري تطوير نظم الإمتحانات - باعتبارها أبرز أساليب التقويم - بحيث تقيس قدرة الطالب علي :

- النقد والتحليل.
- اتباع الأساليب غير النمطية في مواجهة المشكلات وحلها.
- إبداء الرأي أو اقتراح الحل.
- الإلمام بأبرز التطورات العلمية والتكنولوجية في مجال تخصصه.
- الإلمام بالمعارف التي درسها في مختلف السنوات، سواء في ذلك المعلومات التي حصّلها من المراجع العلمية أو الدوريات، أو من الأبحاث التي أجراها، أو من الدراسات الحرة التي اطلع عليها.

وبالإضافة إلي ما سبق تفرض التحديات العلمية والتكنولوجية علي التعليم الجامعي أمورا أخرى يجب مراعاتها من أبرزها :

- تحقيق التنوع والكثرة والمرونة في البرامج الدراسية، بحيث تُسهم في إعداد الطالب إعدادا متوازنا مع المتطلبات الإنسانية والثقافية والعلمية والمهنية.
- تضمين التكنولوجيا المستخدمة في مؤسسات الإنتاج والخدمات في عمليات التعلم، وإدخال تخصصات جديدة ترتبط بحاجات المجتمع ورؤي المستقبل، يكون الهدف منها إعداد جيل قادر علي مواجهة المستقبل مثل التكنولوجيا المبنية علي الإلكترونيات الدقيقة ، وتكنولوجيا المواد الجديدة وما يتصل بها من تطبيقات ، وتكنولوجيا القطاع المالي والتجاري.
- تنوع أدوار المعلم الجامعي وشمولها، بحيث تتضمن دور المسهل والمنسق لعمليات التعليم والتعلم ، والمصمم لبيئة التعلم، والإنسان المربي، والخبير التعليمي، والمستخدم الخبير لتكنولوجيا المعلومات.

التحديات الاقتصادية :

شهدت العقود الثلاثة الأخيرة من القرن العشرين تحولات وتغيرات هائلة علي الصعيد الاقتصادي سواء علي المستوي الفكري، أو على مستوى الأداء والإنتاج، وتتجلي هذه التغيرات في العديد من الجوانب التي لها تأثيرها الكبير علي منظومة التعليم الجامعي، ومن أهمها التغير السريع في المفاهيم الاقتصادية ومضامينها ؛ فمفاهيم مثل الإنتاج والاستهلاك والادخار والاستثمار تغير مدلولها، فأخذت أشكالا مغايرة عما كانت عليه من قبل ، الأمر الذي يتطلب إلمام القائمين على تعليم الطلاب بمدلولات هذه المفاهيم، وتوضيح أبعادها لهم.

ومن التغيرات الاقتصادية ذات التأثير العميق علي المجتمع بمؤسساته المختلفة عملية "الخصخصة" privatization، ويقصد بها علي مستوي المجتمع تحويل القطاع العام إلي قطاع خاص، وعلي مستوي التعليم السماح للأفراد بإنشاء مدارس وجامعات خاصة.

وغني عن البيان ما سيترتب علي هذا الاتجاه من آثار سلبية من أبرزها خرق مبدأ تكافؤ الفرص التعليمية وديمقراطية التعليم ، والتقليل من شأن التعليم الجامعي الحكومي والتأثير السلبي علي مكانته. ولكي يواجه التعليم الجامعي الحكومي هذه الآثار، فإن من الضروري إعادة النظر في أهدافه ومحتواه وإمكاناته وأساليبه، بحيث يتمكن من إعداد طلابه بصورة جيدة تمكنهم من منافسة خريجي الجامعات الخاصة، بل والتفوق عليهم.

ويضاف إلي التغيرات السابقة عدم كفاية التمويل الحكومي <sup>(١)</sup> الذي يقدم للتعليم الجامعي، وذلك نظرا للضغوط الكثيرة التي يتعرض لها الاقتصاد الوطني ، والتي تتمثل في التغيرات الاقتصادية العالمية وما ترتب عليها من نتائج مثل

_____

(١) يتم توضيح ذلك بصورة أكثر تفصيلاً في الجزء الخاص بالمشكلات.

التكتلات الاقتصادية، واتفاقية الجات، والتحول إلى القطاع الخاص، بالإضافة إلي الزيادة السكانية وزيادة تكلفة التعليم عامة، والتعليم الجامعي خاصة، وذلك في ضوء الأزمات الاقتصادية وندرة الموارد، والضغط الطلابي المتزايد، والرغبة في توسيع مظلة التعليم الجامعي مع الارتفاع بمستواه. ويطرح هذا التحدي ضرورة البحث عن موارد إضافية لتمويل التعليم الجامعي بالإضافة إلي الموارد التي تخصصها الدولة، ويمكن أن يتحقق ذلك من خلال حصول الجامعة علي مقابل مادي نظير قيامها ببعض الأنشطة مثل : إجراء البحوث والدراسات اللازمة لبعض مؤسسات المجتمع، وعمل أعضاء هيئة التدريس في بعض المؤسسات الاقتصادية والإسهام في بحوثها ومشروعاتها، وتوفير تدريب مستمر للفنيين بعد تخرجهم ودخولهم سوق العمل، وكذلك تحويل الجامعة إلي جامعة منتجة تستطيع أن تنتج بعض السلع الزراعية والصناعية للمجتمع المحلي، فضلا عن الاستغلال الأمثل لكل الموارد المخصصة للتعليم الجامعي.

هذا، ولقد صاحب التقدم الاقتصادي السريع ظاهرة التغير الملموس في بنية المهن وطبيعتها، فاختفت مهن وظهرت مهن أخرى، وساد التغير بنية كل مهنة ، وأصبحت المهن اليوم وفي المستقبل لا تتطلب جهدا عضليا وقوة جسمانية ، بل تتطلب دقة وتفكيرا وتدقيقا وبدرجة عالية ، وحلت الآلة والتقنيات الحديثة محل الإنسان في كثير من الأعمال [1]. ومن ثم فمن المتوقع مستقبلا أن تقل الوظائف المتاحة للعمل ، كما أنه من المتوقع أيضا في ظل الاتجاه المتزايد نحو الاعتماد علي معطيات وتقنيات الثورة العلمية وما تمخضت عنه من آلات، أن يزيد عدد المرات التي قد يضطر فيها الفرد لتغيير وظيفته بشكل جزئي أو كلي.

وعليه فإنه يتعيّن علي التعليم الجامعي أن يسعي لتكوين قوي عاملة لديها القدرة علي اكتساب المهارات التي تتطلبها الأعمال الجديدة، وتتمتع بمهارات

---

(١) عبد الفتاح أحمد حجاج ، مرجع سبق ذكره ، ص١٨٨.

بحثية عالية، ولديها إدراك واسع للتطورات في مجال التكنولوجيا والمعلومات، وتستطيع أن تقوم بدور رئيس في تطبيقها وتقييمها، ووثيق الصلة بهذا توجيه الطلاب إلي التخصصات التي يحتاجها سوق العمل، ويتطلب ذلك دراسة اتجاهات السوق المحلية وتحديد احتياجاتها.

كما يتعيّن علي التعليم الجامعي أن يعد الطلاب إعدادا يجمع بين الشمول والتخصص ، بحيث يسهل علي الطالب بعد تخرجه الانتقال من تخصص إلي تخصص قريب بعد التدريب المناسب ، وبحيث يتمكن الطالب من خلال إعداده الشامل أن يواكب التغيرات والتجديدات داخل مهنته وتخصصه، فضلا عن أن الإعداد الشامل يفيد في دعم شخصية الطالب، ويجعله أقدر علي التمييز بين الفكر الصالح وغيره من الأفكار الطالحة التي زادت مصادرها اليوم ، ومن المتوقع أن تزداد في المستقبل.

ولهذا لجأت العديد من الدول - وبخاصة اليابان والولايات المتحدة الأمريكية - إلي التركيز في السنوات الأولي من الجامعة علي الإعداد الشامل الذي لا يربط الطالب بتخصص ضيق محدود في البداية، وعُنيت بالتخصص العريض الذي يعطي المتعلم خلفية علمية شاملة تتناسب مع النظرة الشمولية المتكاملة للإنسان [1].

وخلاصة القول :

إن برامج الجامعة يجب أن تُعد الطلاب بصورة تحقق قدرا من التوازن بين التخصص والعمومية ، بين المهارات العامة التي تصلح للاستخدام وإعادة الاستخدام ، وبين الجوانب التخصصية التي قد تحقق أغراضها في وقتها وقد تتلاشي وتنقرض أو قد تتغير، ولكن لا يؤدي انقراضها إلي فقدان المرء إمكانية

---

(١) محمود عباس عابدين ، مرجع سبق ذكره ، ص ٣١٠ .

الحياة والعيش [1].

التحديات السياسية :

تشمل التحديات السياسية جوانب وأبعاد كثيرة من أبرزها زيادة المد الديمقراطي ، والتقارب الدولي وتزايد الاهتمام بالسلام العالمي . وبخصوص زيادة المد الديمقراطي يمكن القول بأن العالم يشهد الآن حركة مطردة نحو مزيد من المشاركة الاجتماعية في القرارات بمستوياتها المتعددة.

وعلي الرغم من بعض السلبيات التي قد تنجم عن المد الديمقراطي ، والمتمثلة في حرية تدفق الأفكار والمعلومات عبر الحدود الوطنية دون قيود أو ضوابط، وما تنطوي عليه من غزو ثقافي وأفكار وافدة تهدد الثقافة الوطنية، فإنه يحمل أيضا في طياته الكثير من المزايا والتي تتمثل في تراجع بعض الأيديولوجيات السياسية، وسقوط الأسوار بين الشرق والغرب، وانزواء الشمولية، وبروز الديمقراطية والتعددية، واحترام حقوق الإنسان، حيث أصبح كل ذلك بمثابة ركائز جديدة لنهضة المجتمعات [2]. إضافة إلي أن الحرية في تدفق الأفكار والمعلومات ينجم عنها زيادة وعي الأفراد بحقوقهم، وزيادة رغبتهم في المشاركة السياسية.

وتؤكد كثير من الشواهد علي أن انتشار مبادئ الحرية والديمقراطية سوف يقوي سواء بين دول العالم بعضها البعض أو داخل كل دولة علي حدة ؛ وذلك لأن التحول الديمقراطي لم يعد مجرد استجابة لمطالب فئات وطبقات جديدة ترغب في المشاركة السياسية وصنع القرار وحسب ، ولكنه أصبح شرطا ضروريا لتكريس الثورة التكنولوجية التي أنجبته ، حيث تعتمد الثورة التكنولوجية علي

---

(1) فؤاد أبو حطب ، " إدارة التعليم الجامعي في مصر : رؤية مستقبلية "، مؤتمر (الإدارة الجامعية في الوطن العربي)، في الفترة من ٢٣ – ٢٥ يناير ١٩٩٩، الجمعية المصرية للتربية المقارنة والإدارة التعليمية، جامعة عين شمس، القاهرة، ص ص ١٨٠ – ١٨١.

(2) حسن حسين البيلاوي ، " التعليم واحتياجات المجتمع المصري في القرن الحادي والعشرين" ، مجلة التربية المعاصرة، رابطة التربية الحديثة، العدد ٤٦، أبريل ١٩٩٧/٢، ص ص ٨١-٨٢.

العقل البشري الذي تعد الحرية شرطا لازما لضمان عمله بقوة كاملة.

وتفرض التغيرات السابقة علي التعليم الجامعي مسئوليات جديدة تتطلب مزيدا من العمل لترسيخ مبادئ الحرية والديمقراطية لدي الطلاب، من خلال تكوين وتنمية القيم والاتجاهات التي تجعل من الديمقراطية أسلوبا معاشا من أساليب حياة الطلاب. ويستلزم هذا إجراء تعديلات جوهرية في نظم وأساليب التعليم الجامعي بداية بنظام قبول الطلاب ، وانتهاء بنظم التقويم وأساليبه.

بعبارة أخرى يجب أن تتاح الفرصة للطالب للتعبير عن رأيه في نظم الدراسة والمحتويات الدراسية وطرائق التدريس وأساليب التقويم، بالإضافة إلي التأكيد علي مبدأ تكافؤ الفرص التعليمية أمام جميع الملتحقين بالتعليم الجامعي، من خلال إيجاد نظم وبدائل تعليمية متعددة يمكن أن يصل الطالب من خلالها إلي أقصي درجات النمو العلمي وفقا لقدراته واستعداداته.

وتتطلب أيضا تلك التحولات الديمقراطية تجديد طرائق التدريس ، بحيث تركز علي الفهم لا التلقين، " فالطالب الذي شبّ علي إعمال الفهم والتحليل، وعلي النقاش الحر وإبداء الرأي بشجاعة، وتقبل آراء الآخرين يكون قد نشأ وبداخله بذور الديمقراطية الحقة" (1). وكذلك يجب التأكيد علي ديمقراطية السياق الاجتماعي للعملية التعليمية، والعمل علي صيانة الحرية الأكاديمية للطلاب من خلال إتاحة الفرصة لهم لاختيار ما يناسبهم من محتوي تعليمي (وفقا لنظام المقررات الدراسية أو الساعات المعتمدة) ، وصيانة حريتهم في ممارسة الأنشطة اللاصفية ، واختيار من يمثلهم في الاتحادات الطلابية.

كما تفرض هذه التحولات علي التعليم الجامعي ضرورة استيعاب كل الراغبين في الالتحاق به، ويمكن أن يتحقق ذلك من خلال التوسع في التعليم الجامعي الحالي ، والأخذ بصيغ تعليمية موازية مثل : التعليم المفتوح ، ونظام

---

(1) حسين كامل بهاء الدين ، التعليم والمستقبل (القاهرة : دار المعارف ، ١٩٩٧)، ص٨٩.

الساعات المعتمدة ، والتعليم المتناوب الذي يجمع بين العمل والدراسة، مع ضرورة الالتزام بالشروط والمواصفات التي تميز الدراسة في هذه الصيغ عن الصيغة التقليدية.

أما بخصوص تزايد الاهتمام بالتقارب الدولي والسلام العالمي ؛ فقد تزايدت الرغبة لدي العديد من دول العالم للعيش في سلام ومكافحة الإرهاب، حتى أن اليونسكو قد أكدت في تقريرها الصادر عام ١٩٩٣ علي أن التربية من أجل السلام ونبذ الإرهاب يجب أن تكون في مقدمة أهداف التربية العالمية في القرن الحالي، واعتبرت أن بناء ثقافة السلام والتسامح تعد بالتأكيد الأكثر إلحاحا علي الأنظمة التربوية في دول العالم [١].

ويلقي هذا التحدي مسئوليات كبيرة علي التعليم الجامعي ، من أهمها إقناع الطالب بأنه جزء من العالم أجمع ، وعليه أن يكامل بذكاء بين محليته وكونه عضوا في عالم أصبح صغيرا جدا. ولا مانع من أن يتمسك الطالب بثقافته ودينه وقيمه ، إلا أن عليه أن يقدر أن البشر الآخرين من حقهم العيش آمنين، بل ومن حقهم التقدير والاحترام ، وليس في ذلك ضياع للهوية الثقافية ؛ بل من الأصالة الثقافية احترام المخالفين وإدراك الأرضية المشتركة معهم ، والتسامح ومراعاة الثقافات المختلفة.

وعلي ذلك، فالجامعة مطالبة بتربية الطلاب تربية تجمع بين المحلية والعالمية ، بين التقارب الأسرى والتقارب المجتمعي والتقارب الدولي ، تربية تنبذ العنصرية والحروب والتعالي وتؤكد علي التسامح والتقارب مهما اختلفت الأوطان والأديان والألوان. وبالطبع يتطلب تحقيق المسئوليات السابقة جهدا كبيرا في صياغة المقررات الدراسية، وفي الحياة الجامعية بشكل عام. ويقع علي ذوي التخصصات

---

(١) UNESCO, Worldwide Action in Education (Paris:UNESCO, ١٩٩٣), ٢nd Edition , P, ٨.

الدينية والاجتماعية خصوصا مسئوليات مضاعفة في تقديم فكرهم بشكل موضوعي يأخذ بيد الطالب ليعمق هويته الثقافية المحلية والعالمية.

التحديات الثقافية :

أدي تطور أساليب الاتصال إلي التفاعل المباشر بين أرجاء العالم في كل لحظة ، ونتج عن ذلك سيطرة بعض عناصر الثقافة العالمية على الثقافات المحلية وسعي بعض الدول المتقدمة - بصورة مباشرة أو غير مباشرة- إلي نشر ثقافاتها وإلباسها ثوب الحضارة الإنسانية المعاصرة.

وعلي الرغم من أن التحدي الثقافي يُعد من الإشكاليات القديمة التي واجهت الثقافة الوطنية عبر العصور المختلفة، فإن حدته زادت وتفاقم أثره في العصر الذي نعيشه ، وهذا يرجع - بطبيعة الحال - إلي عوامل متعددة ومتشابكة من أبرزها الثورة الهائلة في مجال العلم وتطبيقاته التكنولوجية، وما نجم عنها من تطور سريع في مختلف مجالات الحياة الإنسانية ، وبصفة خاصة في مجال المعلومات والاتصالات، والتي أصبح العالم في ظلها بمثابة قرية إلكترونية تتدفق فيها المعلومات والأخبار من كل مكان. حيث لم يعد من السهل رؤية الفاصل بين ما هو وطني وما هو عالمي، وأضحت المجتمعات الإنسانية تواجه سيلا جارفا من الإنتاج الثقافي الصادر عن هذه التكنولوجيا الفائقة. وكان من نتاج ذلك اندثار ثقافات محلية، أو ضياع بعض عناصر ثقافات محلية أخرى، أو صراع ثقافات وقوميات وعصبيات، كما صاحب ذلك مشكلات متعددة منها ظاهرة الاغتراب بين الشباب.

وفي ضوء ذلك يتعيَّن علي التعليم الجامعي أن يعمل علي ترسيخ الخصوصية الثقافية لدي الطلاب ويؤكد علي منظومة القيم التي تشكل هذه الخصوصية. وعليه كذلك أن يحافظ علي الذاتية الثقافية دون عزلة عن الحضارة العالمية المعاصرة في توازن دقيق ومدروس بين عناصر الثقافة العالمية وعناصر الثقافة المحلية؛ بحيث يكون خريج الجامعة منتميا لوطنه، ومتصلا بالثقافة العالمية، ومتخصصا في

مجال معين [1].

ووثيق الصلة بهذا الحفاظ علي اللغة القومية واستخدامها في التعليم في شتي قطاعات الجامعة، وتدارس عناصر الثقافة القومية بغض النظر عن نوع الدراسة التي يتلقاها الطالب، وذلك دون تعصب أعمي يغلق العين عن محاسن الثقافة العالمية المعاصرة، ودون فقد للهوية والشخصية القومية يسمح للطالب بأن ينسلخ من ثقافته، وتضيع هويته.

وبعد ، فمن خلال العرض السابق يتضح أن التحديات المعاصرة تفرض علي التعليم الجامعي إعادة النظر في عناصر العملية التعليمية بجملتها ، سواء أكان في فلسفته أم أهدافه أم محتواه أم أساليبه، بحيث تسهم هذه العناصر مجتمعه في إعداد الطالب وتكوينه بصورة متكاملة تتلائم مع التغيرات المحلية والعالمية بأنواعها المختلفة.

ويقع علي الإدارة الجامعية العبء الأكبر في تحقيق هذا الغرض ؛ باعتبارها المسئولة عن قيادة عملية التغيير في عناصر التعليم الجامعي، والمنوط بها توفير المناخ الذي يشجع علي العمل والتطوير.

وعلي ذلك تعددت الأدوار التي يمكن أن تقوم بها الإدارة الجامعية في هذا المجال، وسيحاول الباحث وضع تصور لهذه الأدوار في ضوء كل من : انعكاسات التحديات المعاصرة علي التعليم الجامعي المصري علي النحو الذي سبق عرضه ، وأدوار الإدارة الجامعية في بعض الدول المتقدمة في ضوء إنعكاسات التحديات المعاصرة على التعليم الجامعي في هذه الدول، وسيتم عرض هذه الأدوار لاحقا مع تكييفها بما يتفق مع الأوضاع التعليمية في مصر.

---

(١) عبد الفتاح جلال ، "تجديد العملية التعليمية في جامعة المستقبل"، مجلة العلوم التربوية ، العدد ١، يوليو ١٩٩٣ ، ص ٢٩.

أدوار الإدارة الجامعية في بعض الدول المتقدمة
في ضوء انعكاسات التحديات المعاصرة على التعليم الجامعي :

يوضح الباحث في هذا الجزء من الدراسة الأدوار التي تضطلع بها الإدارة الجامعية في ضوء انعكاسات التحديات المعاصرة على التعليم الجامعي في بعض الدول المتقدمة، وذلك للاسترشاد بها في تحديد بعض أدوار ومهام الإدارة الجامعية في مصر – كما سبقت الإشارة – مع مراعاة ظروف الواقع التعليمي وإمكاناته قدر المستطاع، ويمكن توضيح ذلك على النحو التالي :

حـدد "Deboer, H." أبـرز أدوار الإدارة الجامعيـة في استراليا في ضـوء التحديات المعاصرة في النقاط التالية [١] :

- توفير بيئة مناسبة للتعليم والتعلم والإشراف البحثي ، تنمي لدى الطالب الدافعية للوصول إلى مستوى عالٍ من التحصيل الذهني ، بشرط أن تراعي هـذه البيئـة الخصائـص المختلفـة للطلاب وخلفياتهم الثقافيـة والتربويـة المتغايرة ، وأن تسمح بتواصل معقول مع هيئة التدريس من أجل مناقشـة الموضوعات والمشكلات الخاصة بالطلاب ، وكذلك يجب أن توفر هذه البيئة تغذية راجعة ناقدة وعادلة فيما يخص الجانب الأكاديمي للطلاب.

- تحديد المحكـات التي علـى أساسهـا يتم اختيـار الطـلاب وتـوزيعهم علـى الأقسام المختلفة، ويشترط أن تكون هذه المحكات واضحة وعادلة وتنشرـ للطلاب جميعا ، ولا تتحمل الوساطة أو التغيير تحت ظروف مختلفة .

- تقـديم معلومـات دقيقـة للطـلاب عـن المقـررات الموجـودة في الجامعـة ، وإجراءات التسجيل في هذه المقررات، والمتطلبات المالية اللازمة لذلك.

---

(١) Deboer, H.,"Higher Education Management Responses to Changing Student Expectations " , Queens Land University of Technology , Brisbane , Australia , ١٩٩٩, PP., ١-١٣, in: www.qut.edu.au/chan/ odvc / imh edoc . Pdf.

- تقديم معلومات للطلاب في بداية السنة الدراسية عن : أعمال السنة، ونسبة الحضور المطلوبة، وكيفية الحصول على متطلبات البحث والمراجع، وكيفية الاشتراك في المعامل.
- توضيح الجوانب القانونية التي تحكم بعض مظاهر عدم الأمانة الأكاديمية كالغش والتزوير والمغالطة في البيانات.
- الاهتمام بشكاوي الطلاب ، وتوضيح الجهات التي توجه إليها، والبت فيها بشكل سريع وفعال وفقا لإطار محدد من الإجراءات، خاصة فيما يتعلق بالمستوي الأكاديمي والتقدم في الدراسة.
- توفير بيئة لا يشعر الطلاب فيها بالتمييز أو الاستغلال، سواء بسبب الجنس أو العرق أو الإعاقة.
- توفير معلومات كافية للطلاب عن الوظائف المتاحة مستقبلا، وكيفية التخطيط للالتحاق بها.
- الحرص علي سرية المعلومات الشخصية المتعلقة بالطلاب ، وعدم تداولها خارج حدود الجامعة إلا بموافقة الطالب ومعرفته، أو عندما يطلب ذلك بصورة قضائية.

كما أشار "Deem,R." إلى أن من أهم أدوار الإدارة الجامعية في المملكة المتحدة [١] : استيعاب التقنيات العلمية والإدارية المتطورة في الجامعة، وجذب الطلاب لها، والنظر إليهم على أنهم زبائن **customers** وموارد تتنافس من أجلها الجامعات؛ والحرص على توفير الخدمات الصحية والترفيهية والاجتماعية للطلاب وأعضاء هيئة التدريس، وتشجيع المنافسة بين العاملين، ومتابعة فعالية أدائهم لمهاهم.

---

(١) Deem , R., "The Management of Performances and Cultures in Universities in The United Kingdom ", International Studies in Sociology of Education, Vol .٨, No. ١, ١٩٩٨, PP., ٥٦-٦٧.

وكـذلك أوضـح "Schaumahn,F." وزيـر الدولـة للتعلـيم والبحـث العلمـي والتكنولوجيا في خطابه عن "التطـورات الحديثـة في التعلـيم الجـامعي الألمـاني" أن مسئوليات الإدارة الجامعيـة أصـبحت أشـمل وأعمـق بعـد أن قفـزت التكنولوجيـا قفزات هائلة، وبعد أن وصلت الوسائط المتعددة إلى مستوى مبهر، ومن بين هـذه المسئوليات [١] : التعرف على كيفية تعليم وتعلم الطلاب في الخـارج، والإفـادة مـن النماذج الأفضل في تطوير التعليم الألماني، وذلك لأن ظروف المستقبل تحتم إعـداد الطلاب للعمل على مستوى عالمي ولـيس عـلى مسـتوى محـلي، هـذا بالإضـافة إلى جذب الطلاب للتعليم داخل الدولة بدلا من السفر للخـارج، وكـذا جـذب الطـلاب من دول أخرى للتعليم في الجامعات الألمانية.

هذا ، ويشـير "Michael,S." في دراسـته عـن " التحـديات التـي تواجـه قـادة التعليم الجامعي في القـرن الحـادي والعشر-ين" إلي أن التغـيرات العالميـة الحاليـة فرضت علي المسئولين عن إدارة الجامعة مهام جديدة أكثر أهميـة مـن أبرزهـا [٢] : الحفاظ علي الأساتذة والعلماء البارزين في مجالات المعرفة المختلفـة لتجنـب شراء مؤسسات أو دول قوية لهم واستغلال معرفتهم ، وتـوفير قاعـدة بيانـات متكاملـة عن واقع العمل الجامعي واحتياجات المجتمع الفعلية من القوي البشرية المتعلمة ، واستخدام استراتيجيات متنوعة ومرنة لتنويع مصادر التمويـل وضـبط التكـاليف وجذب الدخل ، وإتقان مهارات تسويق التعليم الجامعي marketization .

ويضاف إلى المهام السـابقة أيضـا تحقيـق الاعتماديـة للجامعـة وبرامجهـا مـن خلال عرض البرامج ومراجعتها محليـا وعالميـا، ومراعـاة التنـوع في بـرامج التعلـيم الجامعي بحيث تراعي التنوع في مهـارات وقـدرات الطـلاب. والاهـتمام بتوقعـات المجتمع المحلي من الجامعـة ؛ بمعنـى أن تتأكـد الإدارة الجامعيـة مـن أن الطـلاب يتعلمون بالفعل

---

(١) Schaumann, F.,"Recent Development in German Higher Education ", PP., ٣٧- ٤٦ , in : www. abo.fi / norden / nuas / Pubtik / dirsem / Sthlm ٩٨ / Schaum . Pdf.

(٢) Michael , S.Q., Op. cit ., PP., ١٢-٣٦.

مـا يتوقعـه المجتمـع وأصحـاب العمـل ، وأن البـاحثين لا يضـيعون أوقـاتهم وجهودهم في أفكـار لـيس لهـا قيمـة ، وأن أمـوال الجامعـة تُنفـق داخلهـا بعدالـة وحكمة [١].

هذا بالإضافة إلى ضرورة حرص الإدارة الجامعية علي التنمية المهنيـة للعـاملين بالجامعـة، وكـذلك حرصـها عـلى اسـتقلال الجامعـة أكاديميـا وإداريـا، ومراعـاة الموضوعية في قراراتها بحيث توازن بين مصلحة الجامعة ومصالح الدولة ، وقد أكـد "Michael" علي هذا بقوله "إن المؤسسات العظمي مكافـأة إدارة واعيـة بـدورها؛ تنمي قدرات العاملين وتدعم الحرية الأكاديميـة وتقننهـا، ومكافـأة مجتمـع يفهـم دور التعلـيم الجـامعي في خلـق حضـارته، ويكـرس مـوارده التـي تمكـن تعليمـه الجامعي من أن يكون ذا شـأن وسـط نظـم التعلـيم الجـامعي الأخـرى، ومجتمـع متفهم لعدم إقحام أفكاره في الجامعة بذاتيتها وحريتها" [٢].

أدوار ومهام الإدارة الجامعية :

في ضوء العرض السابق لانعكاسات التحديات المعاصرة على التعليم الجامعي، وفي ضوء أدوار ومهام الإدارة الجامعية في بعض الدول المتقدمة، يمكن تحديد أبـرز أدوار ومهام الإدارة الجامعية في النقاط التالية :

اقتراح معايير لقبول الطلاب في الجامعة تحقق ديمقراطيـة التعلـيم وتكـافؤ الفـرص التعليمية :

في ضوء معايير قبول الطلاب في الجامعات المتقدمة، وفي حدود ظروف الواقـع التعليمي المصري وإمكاناته، يمكن لـلإدارة الجامعيـة أن تقـترح الشروط الآتيـة في قبول الطلاب بالجامعة :

- حصول الطالب علي مجموع درجات مناسب في الثانوية العامة قد يختلف

(١) Ibid ., PP., ٣١،٣٢.

(٢) Ibid ., P., ٤٧.

بطبيعة الحال من كلية لأخرى، علي اعتبار أنه لا يمكن إلغاء التفوق التحصيلى أو إسقاطه من حسابات القبول بالجامعة لأنه - رغم ما يوجه إليه من نقد - سيظل هو المقياس الوحيد العادل - حتى الآن - للقبول بالجامعات المصرية[1].

- اجتياز الطالب لاختبار قدرات مقنن يرتبط بمواد الكلية المرشح لها ، وبالتخصص الذي يرغب فيه، وتصمم هذه الاختبارات من قبل لجنة من أساتذة التخصص.
- تطبيق مقياس للتأكد من رغبة الطالب وميله للدراسة في الكلية التي يريد الالتحاق بها.
- تخصيص نسبة تتراوح بين (٥%-١٠%) من أعداد الطلاب المقبولين بكل كلية للطلاب ذوي المستوي التحصيلي المنخفض الذين يرغبون في الالتحاق بها دون التقيّد بمجموع الدرجات في الثانوية العامة، بشرط أن يثبتوا - من خلال تطبيق المقاييس والاختبارات المشار إليها سابقا - أن لديهم قدرات تؤهلهم للدراسة في هذه الكلية وعندهم الرغبة والميل للالتحاق بها.

وبالإضافة للشروط السابقة توجد اعتبارات أخرى ينبغي علي الإدارة الجامعية أن تراعيها عند تحديد أعداد المقبولين في الجامعة من أهمها [2] :

- احتياجات خطط التنمية الاقتصادية والاجتماعية من الخريجين في التخصصات المختلفة ، مع التركيز علي احتياجات المحافظة أو المحافظات التي تقع الجامعة في نطاقها، ويستلزم ذلك تعاونا بين المجلس الأعلى للجامعات والوزارات المعنية بالإنتاج والخدمات والقوي العاملة والتخطيط .
- إمكانات الجامعة من المباني والمعامل وغيرها.

---

(١) محمود عباس عابدين ، مرجع سبق ذكره ، ص ٣٠٧.

(٢) الفتاح جلال ، مرجع سبق ذكره ، ص ٢٩.

- الإمكانات البشرية للجامعة ، وبخاصة من أعضاء هيئة التدريس ، ويمكن الاسترشاد في هذا الشأن بالمعدلات المقبولة من الطلاب إلي أعضاء هيئة التدريس.

إتاحة الفرصة للطلاب لممارسة قيم الحرية والديمقراطية :

ولكي تتمكن الإدارة الجامعية من تحقيق ذلك، عليها أن تقوم بالعديد من المهام من أبرزها [1]:

- تعريف الطلاب بالمعلومات التي تهمهم، عن جوانب العملية التعليمية بالجامعة، من خلال تجهيز هذه المعلومات ونشرها في بداية كل عام دراسي بحيث توضح للطلاب ما يلي :
  - معايير توزيع الطلاب علي الأقسام المختلفة بالكلية .
  - المقررات الدراسية التي سيدرسها الطالب في قسمه ، وما يتعلق بهذه المقررات من أهداف وأنشطة وحضور وأبحاث وغيرها.
  - اللوائح التي تحكم سلوكيات الطالب بالجامعة .
  - الإجراءات التي يتبعها الطالب في حالة اعتراضه علي مستواه الأكاديمي.
  - الوظائف المتاحة مستقبلا ، وكيفية التخطيط للالتحاق بها.
  - الخدمات الصحية والاجتماعية والترفيهية التي يمكن أن يتمتع بها الطالب.
- التنويع في البرامج التعليمية بحيث تُراعي التنوع في مهارات وقدرات الطلاب.
- توعية أعضاء هيئة التدريس بضرورة التأكيد علي الحوار والمناقشة والفهم في عملية التدريس بدلا من التلقين.

(١) لا تمثل هذه المهام كل ما يتعيَّن أن تقوم به الإدارة الجامعية لتحقيق أدوارها، حيث سيقتصر العرض هنا على أبرز المهام اللازمة لتحقيق هذه الأدوار.

- التعرف علي آراء الطلاب في نظم الدراسة والمقررات الدراسية وطرائق التدريس وأساليب التقويم ، ومراعاة ما تتمخض عنه هذه الآراء.
- إتاحة الفرصة للطلاب لاختيار من يمثلهم في الاتحادات الطلابية دون إجبار أو إكراه.
- تمكين الطلاب من ممارسة الأنشطة اللاصفية التي تناسبهم بحرية كاملة.
- تسهيل عملية الاتصال بين الطلاب والقيادات الجامعية.
- تبني نظام الساعات المعتمدة ، أو علي الأقل تنفيذ بعض جوانبه.
- تيسير استيعاب التقنيات الحديثة في التعليم الجامعي واستغلالها في تحسين العمليات التعليمية والإدارية :

ولتحقيق ذلك يتعيَّن علي الإدارة الجامعية أن تضطلع بما يلي :

- تدريب أعضاء هيئة التدريس علي استخدام الحاسب الآلي في تدريسهم .
- تعميم استخدام الحاسب الآلي في كل العمليات الإدارية بالجامعة.
- تعميم دراسة مادة الحاسب الآلي علي جميع الطلاب في الكليات المختلفة.
- توفير قاعدة بيانات متكاملة لكل جوانب العمل بالجامعة .

التعاون مع أعضاء هيئة التدريس لتحقيق جودة العملية التعليمية :

ولكي تحقق الإدارة الجامعية ذلك فإن عليها القيام بما يلي :

تشكيل مجلس أكاديمي على مستوى الكلية والجامعة يشترك فيه جميع أعضاء هيئة التدريس من ذات التخصص، ويرأسه على مستوى الكلية وكيل للكلية يختص بهذا العمل وحده، وعلى مستوى الجامعة نائب رئيس الجامعة للشئون الأكاديمية والتعليمية، وتمثل فيه جميع التخصصات الموجودة بالجامعة، وتكون مهمة هذا المجلس تطوير العملية التعليمية بمحاورها المختلفة دون الدخول في أية أعمال

إدارية أخرى [1].

- إنشاء وحدة متخصصة في تقنيات التدريس تخدم جميع التخصصات ، وتتوافر بها دائرة مغلقة للإذاعة المسموعة والمرئية، ومطبعة وحاسب آلي، ويعمل بهذه الوحدة فريق من الخبراء في استخدام التقنيات ، وفريق من المختصين في التعليم المبرمج وأساليب التعلم الذاتي . وتستطيع هذه الوحدة أن توفر المعلومات للطلاب، وبجهد من الأساتذة يمكن للطلاب أن يتعلموا مهارات التعلم الذاتي.

- توجيه أعضاء هيئة التدريس من خلال الاجتماعات والندوات إلي الاهتمام بما يلي :

  - التنويع في طرائق التدريس.
  - التدريبات المهنية والتطبيقية.
  - ربط التعليم بالعمل كلما أمكن ذلك.
  - تدعيم التعلم الذاتي.
  - دراسة اللغات والفنون الحرة.
  - دراسة علوم المستقبل.

- توجيه الطلاب لحسن الإفادة من أوقات الفراغ بما يسهم في تكوين الشخصية المتكاملة لهم.

- وضع بدائل مناسبة للتخلص من الكتاب الجامعي.

- تحديث المكتبات الجامعية وفق التقنيات الحديثة ، وتكوين شبكة معلومات فيما بينها، وربط هذه الشبكة بمثيلاتها في الخارج.

- تنظيم برامج تدريبية لأعضاء هيئة التدريس لتعريفهم بالجديد في مجال عملهم :
  ويتطلب تحقيق ذلك قيام الإدارة الجامعية بالمهام التالية :
  - اختيار المدربين ذوي الخبرة في المحتوي التدريبي.
  - التنسيق بين مواعيد هذه البرامج وعمل أعضاء هيئة التدريس.

---

(١) محمود عباس عابدين ، مرجع سبق ذكره ، ص ٣١٤.

- وضع التشريعات التي تضمن الالتزام بحضور هذه البرامج.
- الحرص علي شمول هذه البرامج للمجالات المهمة لمعظم أعضاء هيئة التدريس وهي :

- الجديد في مجال الحاسب الآلي وتكنولوجيا المعلومات والأجهزة العلمية.
- الجديد في نظم التأليف والبحث.
- الجديد في شبكات المعلومات.
- الجديد في كيفية وضع الأسئلة بأنواعها المختلفة.
- الجديد في طرائق وأساليب التدريس.
- الجديد في أدوار المعلم الجامعي.

تنويع مصادر التمويل الجامعي :

ولكي تحقق الإدارة الجامعية هذا الدور يتعيَّن عليها أن تقوم بالمهام والأنشطة التالية :

- الحصول علي مصادر دخل إضافية من المؤسسات الإنتاجية بالمجتمع ، ويتحقق ذلك من خلال قيام الإدارة بما يلي :

- إنشاء مكتب استشاري يتولي إحصاء كافة الأساتذة والمتخصصين في كل فروع التخصص الدقيق يستقبل طلبات المشورة والدراسات والبحوث من خارج الجامعة، ويقوم بتسويق خدمات الجامعة أسوة بما يتم في العديد من دول العالم لا سيما المتقدم [١].

- استقصاء مشكلات قطاع الإنتاج المختلفة خارج الجامعة، وتحويل هذه المشكلات لجهات الاختصاص داخل الجامعة لدراستها وتقديم الحلول للتغلب عليها.

---

(١) Simonyi, A., "The Evaluation of University – Region Relationships", European Journal of Education, Op. Cit., P., ٣٤٠.

- تسويق البحوث التطبيقية التي تفيد الإنتاج.
- إنشاء مشروعات تنموية تطبق فيها الجامعة أحدث الأساليب التي تعلمها لطلابها، والحصول على مقابل مادي من خلال ما تنتجه هـذه المشـروعات من منتجات زراعية وصناعية.
- تقويم أداء الوحدات ذات الطابع الخـاص لمعرفة إيجابياتهـا ، والصعوبات التي تواجهها، والتخطيط لدعم الإيجابيات وعلاج الصعوبات والمشكلات ؛ بحيث يمكن أن تُدر هذه الوحدات دخلا إضافيا للجامعة فضلا عن دورهـا في تنمية البيئة.
- إصدار تشريع يشجع الجامعـة عـلى الإفادة مـن الإيرادات التـي تحققهـا ، وينظم توزيع هذه الإيرادات .
- تحميل طالب الدراسات العليا أو الجهـة الموفـدة لـه تكـاليف تعليمـه وتدريبه.
- دعوة بعض المنظمات مثل النقابات المهنية واتحادات الخريجين في مصر ، واتحـادات العلـماء المصـريين المشـتغلين في الخـارج، والنـوادي المصـرية الموجودة في الخارج لتقديم المساهمات المادية والعينية للجامعة.
- توعية أفراد المجتمع المحلي بأهمية المشاركة الشعبية في تمويل التعليم ، مما قد يدفع بعض الأغنياء للمساهمة إما بتقديم المال، أو بالإسهام في تقديم خدمات فنية كأعمال الصيانة والإنشاءات.

الاهتمام بتطبيق وتقويم برامج التعليم المستمر :

ولكي تحقق الإدارة الجامعية هذا الدور ، فإن عليها أن تقوم بالمهام التالية :

- تشكيل لجنة متخصصة عـلى مستوى الجامعـة تقـوم بالمراجعـة الشـاملة لنظام التدريب في المؤسسات المختلفة كـل خمـس سنوات عـلى الأكـثر وفق معطيات البحث العلمي ونتائجه، بحيث يتسع ليشمل قطاعـات كبيرة من العاملين بالدولة ، مما يسهم في اعتبار التـدريب أثنـاء الخدمـة واجبا في إطار

فلسفة التعليم المستمر، وشرطا لاحتفاظ الموظف بوظيفته.

- تخصيص قسم في الجامعة، أو في كلية التربية يتولي مهمة الإشراف على التعليم المستمر.

- التنسيق مع قطاعات العمل المختلفة بالدولة لتعميم نظام التدريب قبل الخدمة ، لدعم خلفية الخريج العلمية ، وجعله أكثر كفاءة واستعدادا للعمل الذي سيشغله.

- التعاون مع قطاعات العمل والإنتاج في تصميم برامج تدريبية أثناء العمل لزيادة كفاءة الموظف في ضوء الجديد علي المستويين النظري والعملي ، وليس من الضروري أن تأخذ هذه البرامج الأشكال المعتادة للدراسات العليا، وإنما يمكن أن تُبتكر أشكالٌ جديدة [1].

- تنظيم برامج لتعليم الكبار ، ودراسات مسائية نظامية للعاملين ممن حصلوا علي الدرجة الجامعية الأولى علي الأقل في تخصصاتهم.

- تنظيم برامج التدريب التحويلي التي تؤهل الفرد لمهنة أخرى غير التي يعمل بها، نظرا للتغير السريع في عالم المهن.

- تنظيم برامج فنية ومهنية للعمال المهرة ؛ مثل دورات السكرتارية والطباعة ومبادئ المحاسبة ، وغيرها من البرامج التدريبية التي تختلف وتتنوع حسب طبيعة المجتمع وحاجاته.


تحقيق التوازن بين الثقافة العربية والإسلامية ، والانفتاح علي الثقافات العالمية :

ويمكن للإدارة الجامعية أن تحقق هذا الدور من خلال قيامها بالمهام التالية :

---

(١) محمود عباس عابدين ، مرجع سبق ذكره ، ص ٣٢٠.

- تعميم تدريس مادة الثقافة الإسلامية والعربية لجميع الطلاب بالجامعة بغض النظر عن تخصصهم الدراسي.
- تنظيم ندوات فكرية وثقافية للطلاب يمكن من خلالها توضيح الآتي :
  - عناصر التراث التي تسهم في تقدم المجتمع حضاريا وعلميا.
  - كيفية الإفادة من التراث في التعامل مع مشكلات وقضايا الحاضر.
  - إيجابيات الثقافات العالمية وسلبياتها .
  - أهداف عولمة الثقافة وأساليبها ومخاطرها علي الهوية الثقافية .
  - المعايير التي يمكن في ضوئها تقييم مختلف البرامج المبثوثة في القنوات الفضائية.
- استغلال الأنشطة الطلابية في تأصيل ثقافة التسامح ونبذ العنصرية .
- تنظيم ندوات لأعضاء هيئة التدريس لتوعيتهم بأبعاد العولمة الثقافية ومخاطرها ، وكيفية تحقيق التوازن بين الثقافة المحلية والثقافات الوافدة.
- وضع الإجراءات الوقائية والقانونية التي تحمي الطلاب من النزعات المادية والسلوكيات الهدامة الوافدة من المجتمعات الغربية.

زيادة الاهتمام بالبحث العلمي وتوجيهه بما يخدم قضايا المجتمع ومشكلاته :

ولتحقيق ذلك يتعيّن علي الإدارة الجامعية أن تقوم بما يلي :

- السعي لتوفير الإمكانات المطلوبة للبحث العلمي سواء المراجع العلمية أو الأجهزة أو المواد والخامات.
- إنشاء مجلس استشاري في كل جامعة يضم بالإضافة إلي عمداء الكليات عددا من رؤساء المؤسسات الصناعية والزراعية في الإقليم ، تكون مهمته توثيق الصلة بين الجامعة كمؤسسة للبحث العلمي التطبيقي وبين الأنشطة الإنتاجية في الإقليم.

- الاهتمام بتبادل الخبرات بصفة دورية بين الباحثين في الجامعات وبين العاملين في مواقع العمل والإنتاج المختلفة ، بما يؤدي إلي اكتساب الباحثين الخبرة الميدانية مع نقل خبرتهم العلمية إلي هذه المواقع.
- عمل دراسات مسحية في كل قطاعات الإنتاج والخدمات لتحديد المشكلات البحثية الملحة ، ثم ترتيبها حسب أهميتها لتشكيل خريطة بحثية في كل تخصص علي حدة لتوجيه الباحثين في عملهم الحالي والمستقبلي ، علي أن تجدد هذه الخريطة كل فترة زمنية مناسبة [1].
- ربط التمويل المخصص للبحث العلمي بالجامعات بدراسة مشكلات محددة يواجهها المجتمع.
- توفير مزرعة تجريبية علي مستوي رفيع للإنتاج النباتي والحيواني في كل جامعة، تتيح الفرصة للمشتغلين بالزراعة والإنتاج الحيواني في المنطقة ليشاهدوا نتائج تطبيق البحوث العلمية واستخدام التكنولوجيا المتقدمة في هذا المجال.
- إشراك بعض المسئولين في قطاعات الإنتاج والخدمات في الإشراف المباشر علي البحوث بالجامعة.
- تشجيع المؤسسات والشركات والمصانع المستفيدة من المشروعات البحثية علي تخصيص نسبة من أرباحها ولتكن ١% أو أكثر للإنفاق علي البحث العلمي .
- اقتراح مجموعة من المعايير يتم في ضوئها تقييم البحوث علي مستوي الجامعة والكلية ومن أبرزها :
  - مدي ارتباط البحث بقضايا المجتمع ومشكلاته .
  - مدي الإفادة من نتائج البحث في المجال التطبيقي.

(١) محمد فوزي عبد المقصود ، "جامعة المستقبل في مصر : تصور مقترح"، مجلة دراسات تربوية، المجلد ٨، الجزء ٤٩، ١٩٩٣، ص ٧٥.

• مدي إسهام البحث في تنمية الجانب المعرفي.

وضع تصور لاختيار وإعداد الباحث العلمي يتمشي مع التطورات العلمية والتكنولوجية المعاصرة:

ومن الأمور التي تسهم في قيام الإدارة الجامعية بهذا الدور اضطلاعها بالمهام التالية :

- وضع معايير متطورة لاختيار المعيدين يكون من بينها إجراء اختبارات تكشف عن مهارات الطالب الفكرية.
- التأكد من توافر القدرات البحثية وإتقان اللغة الأجنبية لدي طلاب الماجستير والدكتوراه.
- إدخال مناهج بحثية جديدة، ومقررات تواكب متغيرات المستقبل ؛ فعلي سبيل المثال يمكن أن يدرس طالب الدراسات العليا مقرر عن أساليب البحث العلمي المتصلة بالمستقبل كأسلوب التنبؤ بالاتجاه trend forecasting، والتنبؤ باستخدام النماذج forecasting using models، والتنبؤ بالبرمجة forecasting via programming، ومقرر عن الحاسب الآلي وكيفية تطويعه لخدمة البحوث والرسائل، ومقرر عن الأجهزة العلمية واستخدامها وصيانتها، وتطوير إنتاجها [(١)].
- تطبيق نظام المقررات مع جعل الرسائل والبحوث شرطا جزئيا فقط للحصول علي الدرجة العلمية، ويتحقق ذلك علي مستوي الدكتوراه من خلال قيام الطالب بدراسة موسعة ومتعمقة للمقررات المتقدمة، التي تغطي تخصصه الرئيس والتخصص المكمل والتخصص الفرعي، عبر فترة زمنية قد تصل إلي ثلاث سنوات ، ثم يأتي العمل في الرسالة كاختبار لمدي قدرة الطالب علي

---

(١) محمود عباس عابدين ، مرجع سبق ذكره ، ص٣١٦.

استخدام الأساليب العلمية في معالجة مشكلة معينة. أما النظم التي تجعل من رسالة الدكتوراه الركيزة الأساسية للحصول علي الدرجة العلمية حيث يمتد العمل فيها إلي خمس سنوات أو أكثر فلا شك أن سرعة التقدم العلمي قد أصبحت كفيلة بأن تفقدها قيمتها العلمية والتطبيقية قبل أن يتم الفراغ من إعدادها.

- إتاحة الفرصة لأعضاء هيئة التدريس للإفادة من البعثات القصيرة للخارج والمشاركة في المؤتمرات والندوات، للإطلاع علي ما يستجد من معرفة في مجال تخصصهم وعلي تطبيقاته العملية.

ترشيد الاستهلاك في متطلبات العملية التعليمية بالجامعة :

ويتحقق ذلك من خلال قيام الإدارة الجامعية بالمهام الآتية :

- وضع جدول زمني يتعاون في عمله مندوبون من كل الكليات يهدف إلي التشغيل الكامل للمعامل والورش والمدرجات ، بحيث لا تكون قاصرة علي كلية بعينها، وتُستغل لأكبر عدد ممكن من الساعات.

- زيادة فترة الدراسة والبحث بحيث تمتد من الصباح حتى ساعات من الليل، حتى يمكن علاج مشكلة زيادة الأعداد وتكدس المدرجات.

- توفير أفراد ذي كفاءة عالية للقيام بأعمال الإدارة المساعدة مثل صيانة المباني والأجهزة ، وأمانة المكتبات وتحضير المعامل.

- شراء الدوريات العلمية التي تخدم أكثر من كلية مركزيا ، ووضعها في المكتبة المركزية بحيث يسهل استخدامها من قبل أكبر عدد من الطلاب والباحثين بدلا من تكرار شرائها علي مستوي كل كلية.

- شراء الأجهزة غالية الثمن مركزيا علي مستوي الكلية، والتخطيط لاستخدامها بين الأقسام المعنية وفق جدول زمني متفق عليه.

- التدريب المكثف للأخصائيين الذين يتعاملون مع هذه الأجهزة.

- مراعاة تصميم المباني الجديدة والمرافق بشكل يسمح باستخدامها لأكثر من غرض ، والتأكد من قابلية هذه المباني للتوسع.
- وضع نظام جديد للإنفاق يعطي أولوية لبنود العمليات التعليمية والبحثية ؛ بحيث يحقق حسن استخدام الموارد المالية ، ويقلل من تكلفة الطالب إلي أقل حد ممكن دون أن يؤثر ذلك علي عناصر الجودة.
- تحميل الطالب الجزء الأكبر من التكلفة الفعلية للدراسة في حالة بقائه للإعادة مرة واحدة في ذات الفرقة الدراسية ، علي أن يتحمل التكلفة كلها إذا رسب مرة ثانية في الفرقة ذاتها [١].
- إعادة النظر فيما يدفعه الطالب للسكن والإعاشة في المدن الجامعية ، علي أن يُعفي الطلاب المتفوقون غير القادرين من أية زيادة في المصروفات .
- تعديل نظام مكافآت التفوق بحيث تأخذ شكل الإعفاء وليس شكل العطاء المادي، وبحيث تقتصر علي المستويات التي تستحق هذه المكافأة .
- تحميل طلاب التعليم الخاص لا سيما مدارس اللغات تكلفة مضاعفة عند الالتحاق بالجامعة.

الاهتمام بتحقيق التربية الدولية من خلال توجيه عناصر العملية التعليمية بالجامعة:

ولكي تنجح الإدارة الجامعية في القيام بهذا الدور عليها أن تضطلع بالمهام الآتية :

- توعية أعضاء هيئة التدريس بمراعاة البعد الدولي في المناهج من خلال التركيز علي القضايا الدولية ، وتضمين المعارف العالمية.
- توجيه أعضاء هيئة التدريس للاهتمام من خلال تدريسهم بالأمور التالية :

---

(١) المجلس القومي للتعليم والبحث العلمي والتكنولوجيا، مرجع سبق ذكره ، ص١١٥.

- تدريب الطالب علي الاندماج مع الآخرين والعيش معهم حتى لو اختلفوا معه في أفكارهم ومعتقداتهم.
- تدريب الطالب علي احترام آراء الآخرين وتقديرها وتقبل النقد الذي يوجه إليه.
- تنمية الاتجاهات الإيجابية لدي الطالب نحو العيش في سلام مع زملائه ، تمهيدا للعيش في سلام مع جيرانه وأقرانه ومجتمعه الصغير والكبير.

- فتح قنوات علمية متعددة بين الجامعة والجامعات الأجنبية المتقدمة ؛ للوقوف علي الجديد في عالم العلم والمعرفة ، والإفادة منه في تطوير التعليم في الجامعات المصرية.

- التأكيد علي تحلي أعضاء هيئة التدريس في تدريسهم وعملهم بصفات التسامح وتقبل النقد وتقدير الآخرين وحب الطلاب والإخلاص لهم.

- زيادة البعثات الخارجية والإشراف المشترك ، والإفادة من الشراكة في تطوير آليات العمل الأكاديمي.

إعادة النظـر في نظـم وأسـاليب التقـويم بحيـث تسـهم في تجويـد العمليـة التعليمية :

ولكي تضطلع الإدارة الجامعية بهذا الدور عليها أن تقوم بالمهام التالية :

- توعية أعضاء هيئة التـدريس بضـرورة استمرارية عمليـة التقويم منـذ بدايـة العملية التعليمية وأثناءها وفي نهايتها.

- التأكيد علي تقويم جميع عناصر العملية التعليمية ، بدايـة مـن الأهـداف والمحتوي التعليمي وطرق التدريس والتمويل والإدارة ، بل وأساليب التقـويم والامتحانات.

- الجمع بين التقويم الداخلي (الذي يقوم به أفراد من داخل الجامعة) والتقويم الخارجي (الذي يتم بواسطة أفراد أو مؤسسات من خارج الجامعة).

- تنظيم دورات تدريبية يحضرها أعضاء هيئة التدريس لمناقشة المعايير الواجب توافرها في الامتحانات.
- متابعة تنفيذ توجيهات المجلس الأعلى للامتحانات والتقويم، خاصة فيما يتعلق بإعداد بنوك الأسئلة للتخصصات المختلفة ومراعاة مواصفات الامتحان الجيد.
- تشجيع أعضاء هيئة التدريس لحضور المؤتمرات التي تناقش قضايا التقويم والامتحانات.
- توجيه أعضاء هيئة التدريس لاستخدام أساليب تقويم تركز على العمليات العقلية الأعلى، ومن أبرزها:
  • التقويم باستخدام أسلوب عرض المشكلات وطرائق حلها.
  • التقويم باستخدام أسئلة المقارنة والتعليل والاستيضاح.
  • التقويم من خلال التجارب المعملية والتدريبات الميدانية بمواقع العمل الإنتاج.
  • التقويم من خلال أسئلة تدمج بين الكتاب المقرر، وملاحظات الأستاذ في المحاضرة، والقراءات الإضافية من المراجع الأخرى، واعتماد الطالب على أسلوبه الخاص في الإجابة عن الأسئلة، بل ابتكار الأسئلة ذاتها ومحاولة الإجابة عنها.
- استخدام نتائج الامتحانات في تطوير العملية التعليمية، بدلا من كونها وسيلة للحكم على مستوى الطالب فقط.

تيسير إلحاق الخريجين بالعمل أثناء الدراسة وبعد التخرج ومتابعتهم في عملهم الجديد :

تشير الاتجاهات الحديثة في مجال العلاقة بين الجامعة ومراكز العمل إلى أن من مهام الجامعة معاونة الطلاب على إيجاد فرص العمل المناسبة لتخصصاتهم بقطاعات

العمـل المختلفـة العامـة والخاصـة، فضلا عـن متابعـة هـؤلاء الطـلاب بعـد تخرجهم في أعمالهم الجديدة؛ لتدعيم إيجابياتهم وصقلها، وتحديد المشكلات التي تواجههم ومحاولة حلها، ثم اتخاذ التدابير الجامعية لتصحيح المسيرة أولا بأول. وفي هذا المجال يمكن أن تقوم الإدارة الجامعية بالعديد من المهام من أهمها :

- فيما يتعلق بتيسير إلحاق الطلاب بالعمل أثناء الدراسة وبعد التخرج :

● إنشاء مراكز أو إدارات بالجامعة تُعني برعاية وتوظيف الخريجين.

● إتاحة فرص التدريب في مواقع العمل أثناء الدراسة وفي العطلة الصيفية ؛ بهدف اكتشاف مجالات العمل المختلفة ، وتعريف أصحاب الأعمال بمواهب الطلاب وقدراتهم ، وكذلك التعرف علي مـا قـد ينقصهم مـن خـبرات أو مهارات [1].

● عقد لقاءات دورية مع مسئولي الأعمال أو مندوبيهم، واستطلاع آرائهم في أساليب ومناهج الدراسة ، ومدي ملاءمتها لمتطلبات العمل واقتراح ما يلزم من تعديلات.

● عقد ما يسمي بأسواق التوظيف والتي تجمع بين الطلاب المنتظر تخرجهم خلال عام دراسي وعدد كبير من ممثلي الشركات والمؤسسات ؛ للتعرف علي الفرص المتاحة وشروط التوظيف ومتطلباته.

● توثيق العلاقة بين الجامعات ومراكز العمـل ، مـن خـلال التوسـع في تمثيـل قطاعات الأعمال ذات العلاقة في مجالس الأقسام والكليات ، وكذلك تمثيـل أعضاء هيئة التدريس ومسئولي الجامعـات في بعـض إدارات هـذه الشركات كلما أمكن ذلك ، بالإضافة إلي إجراء مشـروعات ودراسـات مشـتركة تهـم الطرفين لخدمة أهداف التنمية ، وحل مشاكل قطاعات العمل.

● التأكيـد علـي مراكـز شـئون الخـريجين بالجامعـة بضـرورة إعـداد قاعـدة معلومات

---

(١) المرجع السابق ، نفس الصفحة.

تُراجع دوريا عن فرص العمل، وإصدار نشرة دورية بذلك ، ووضع برامج لإعداد الطلاب للاشتراك في أسواق التوظيف قبل تخرجهم بفصلين دراسيين أو أكثر.

وبخصوص تتبع الخريجين في سوق العمل، يتعيّن علي الإدارة الجامعية القيام بما يلي :

- ترشيح بعض أعضاء هيئة التدريس ذوي التخصصات المرتبطة بأعمال الخريجين للقيام بعملية المتابعة ؛ لتحديد الأمور الآتية :
  - إيجابيات هؤلاء الخريجين التي ترجع لنظام إعدادهم في الجامعة.
  - الصعوبات التي تواجههم نتيجة لنقص إعدادهم الجامعي.
  - الصعوبات التي تواجههم نتيجة لطبيعة بيئة العمل التي يعملون فيها.
- اتخاذ التدابير الجامعية لدعم الإيجابيات وعلاج السلبيات أو الصعوبات ، وقد يتطلب ذلك إعادة النظر في المقررات الدراسية ، وفي التدريبات العملية وغيرها من الجوانب ؛ الأمر الذي يضمن تغذية راجعة تُطور العمل في الكليات أولا بأول.

تبسيط إجراءات العمل الإداري والمالي :

ويمكن أن تحقق الإدارة الجامعية هذا الدور من خلال القيام بالمهام التالية :

- تجميع المعلومات وحفظها وتحديثها بصفة مستمرة، وتقديمها لمستخدميها بصورة فورية، لاستخدامها في العمليات الإدارية المختلفة.
- اختصار الدورة المستندية التي تسير فيها المستندات.
- السعي لدي الجهات الحكومية التي تمول الجامعة لمنحها الحرية في الجوانب الآتية :

• توزيع أموالها علي الوحدات والأقسام المختلفة، وفقا لما تراه محققا لأداء رسالتها علي خير وجه.

- نقل الأموال التي لم تنفق إلى العام المالي التالي، مع استثناء الجامعة من موافقة وزارة المالية.
- استثمار أموال الجامعة بالأسلوب الذي تراه مناسبا.

- العمل على أن تكون رقابة الجهاز المركزي للمحاسبات للجامعة بعد الصرف وليس قبل الصرف.
- المطالبة بأن تكون كل الشئون المالية التي تتعلق بالجامعة في اختصاصها هي، وليست تابعة لجهات أخرى.
- وضع دليل لكل مستوى من مستويات الإدارة الجامعية؛ بحيث يوضح هذا الدليل الوظائف التي تنتمي إلى كل مستوى، ومسئوليات وسلطات كل وظيفة، وعلاقة هذه المستويات ببعضها البعض.

التوسع في تطبيق وتقويم الأنماط غير التقليدية من التعليم الجامعي (الجامعة المفتوحة ، نظام الساعات المعتمدة) :

ويمكن أن تُسهم الإدارة الجامعية في تحقيق هذا الدور من خلال القيام بما يلي :

- تقويم تجارب الجامعات المصرية في مجال التعليم المفتوح؛ لتطويرها بحيث تصبح أكثر اعتمادا على التكنولوجيا الحديثة.
- إقامة ندوات ومؤتمرات تتولى التعريف الصحيح بنظام الساعات المعتمدة ومتطلباته.
- إجراء التغييرات اللازمة في الجهاز الإداري بالجامعة، حتى يصبح قادرا على القيام بمتطلبات هذا النظام بكفاءة.
- الإفادة من خبرات وتجارب الجامعات التي طبقت هذين النمطين.

هذا، ومن خلال ما سبق يتضح أن الإدارة الجامعية عليها أن تضطلع بالعديد من الأدوار والمهام لتحقيق التفاعل بين التعليم الجامعي والتحديات المعاصرة. ولكي تتمكن الإدارة الجامعية من الاضطلاع بتلك الأدوار والمهام بالصورة

المرجوة، فمن الضروري التغلب على المشكلات التي تواجهها، وتحول دون تفاعلها مع التحديات المعاصرة، ويتطلب هذا بالضرورة الكشف عن أبرز هذه المشكلات وتحليلها، تمهيدا لوضع السبل والإجراءات التي تسهم في مواجهتها والتغلب عليها، وهذا ما ستحاول الدراسة الحالية القيام به في الصفحات التالية :

<u>أبرز المشكلات التي تعوق الإدارة الجامعية عن التفاعل مع التحديات المعاصرة :</u>

تواجه الإدارة الجامعية في مختلف المجتمعات – ناميها ومتقدمها – العديد من المشكلات التي تؤثر على فعاليتها، وتحول دون تفاعلها مع التحديات المعاصرة، وقد تختلف هذه المشكلات من مجتمع لآخر حسب ظروف كل مجتمع وطبيعته.

وجدير بالذكر أن المشكلات التي تواجه الإدارة الجامعية في مصرـ ليست وليدة اليوم، وإنما هي نتاج وحصاد لسياسات وممارسات سابقة، وقد زادت حدة هذه المشكلات في الفترة الأخيرة، نظرا للتحديات المتعددة التي يواجهها المجتمع بعامة، والإدارة الجامعية بخاصة. ويمكن توضيح أبرز المشكلات التي تحول دون تفاعل الإدارة الجامعية مع التحديات المعاصرة على النحو التالي :

قصور استقلال الجامعة :

يعد استقلال الجامعة university autonomy من أقدم التقاليد الجامعية، حيث ترجع نشأته إلى الجامعات الأوروبية في العصور الوسطى وارتباط ذلك بنقابات الأساتذة، وقد زاد هذا المبدأ رسوخا مع مرور الوقت؛ نظرا لخطورة الدور الذي يُسهم به في الحفاظ على مكانة الجامعة وموضوعيتها.

ويقوم الاستقلال على أساس أن الجامعة تضم صفوة علماء ومفكري المجتمع، وأن العلماء وحدهم الذين يستطيعون تقرير الأمور في مجال عملهم، ومن ثم فالاستقلال يعني سيطرة الأساتذة على مجريات الأمور في الجامعة، وعلى كل

مناحي وجوانب الحياة الجامعية [١].

ومن هذا المنطلق "تحرص كثير من المجتمعات على استقلال الجامعات وتدعمه، كما يناضل الأساتذة للمحافظة على هذا الاستقلال والدفاع عنه" [٢]، على اعتبار أنه صمام أمان للجامعة وحافز للعمل بحرية وانطلاق.

هذا بالإضافة إلى أن الجامعة عندما تتمتع بالاستقلالية تصبح أكثر قدرة على تحقيق أهدافها، وتستطيع أن تقدم للمجتمع خدمات تتفق والأهداف الحقيقية له، "بمعنى أن الجامعة في حالة استقلالها ستعطي للمجتمع ما يحتاجه بحق وليس ما يريده" [٣].

وبعيدا عن الجدل المثار حول مفهوم استقلال الجامعة ومداه وحدوده، واختلاف ذلك من مجتمع لآخر ومن ثقافة لأخرى، يمكن القول بأن هناك اتفاقا على ضرورة تمتع الجامعة بالاستقلال الأكاديمي والإداري والمالي والمكاني academic, administrative, financial and physical autonomy.

ويقصد باستقلال الجامعة حريتها في إدارة شئونها الأكاديمية والإدارية والمالية إدارة ذاتية مع إشرافها الكامل على مكانها (الحرم الجامعي) دون أية ضغوط أو وصاية خارجية عليها كمؤسسة وعلى المنتمين إليها (أعضاء هيئة التدريس والإداريين والطلاب)، في إطار الالتزام بالقواعد العامة المنظمة لسير العمل في مؤسسات الدولة ومنظماتها الاجتماعية [٤].

(١) محمد نبيل نوفل، "تأملات في مستقبل التعليم العالي"، سلسلة دراسات في التربية، رقم ٨، مركز ابن خلدون للدراسات الإنمائية، القاهرة، ١٩٩٢، ص٥٨.

(٢) المرجع السابق، نفس الصفحة.

(٣) Hang, S., "University Autonomy in China : History, Present Situation and Perspective", Paper Produced to a Seminar on "changing patterns in University Management", China, April ٢٠٠٠, in : ERIC. No., ED ٤٦٨٠٨٩.

(٤) فتحي محمد رزق، "بعض مشكلات استقلال الجامعات في مصر وبعض الدول المتقدمة : دراسة مقارنة"، رسالة دكتوراه غير منشورة، كلية التربية بأسيوط، جامعة أسيوط، ١٩٩٤، ص١٢٤.

وعلى ذلك يتضح أن استقلال الجامعة لا يقصد به انعزالها عن المجتمع، ولا الخروج عن نظمه وقوانينه ولكنه يعني حق الجامعة في الإشراف على شئونها الأكاديمية والإدارية والمالية وعلى منشآتها الجامعية من خلال قانونها الخاص؛ حتى تتمكن أجهزتها الأكاديمية والإدارية والمالية من إدارة شئونها إدارة ذاتية دون أية معوقات أو قيود، وذلك في ضوء الالتزام بالقواعد والقيم المنظمة للعمل داخل الجامعة، وفي إطار النظم والقوانين العامة في المجتمع، بما يكفل للجامعة تحقيق دورها المأمول بالكفاءة المرجوة.

وتتعدد المظاهر التي تعبر عن استقلال الجامعة، ومن بينها [1] : حرية أعضاء هيئة التدريس في اختيار مجالات وموضوعات البحوث والدراسات العلمية، وحريتهم في التعبير عن آرائهم العلمية والأكاديمية داخل الجامعة واختيار قياداتهم الجامعية على أساس الانتخاب الحر، وحرية الجامعة في وضع نظم تحويل الطلاب ونقلهم إلى كلياتها، وحريتها في وضع القواعد المالية الخاصة بها، والتصرف في الميزانية المخصصة لها بما يحقق مصالحها.

ويتضح مما سبق أن استقلال الجامعة يشمل معظم عناصر وجوانب الحياة الجامعية، ومن ثم فتمتع الجامعة باستقلالها - وفقا للمعنى الذي سبقت الإشارة إليه - ينعكس بالإيجاب على مجالات العمل بها، وعلى الجانب الآخر فإن قصور استقلال الجامعة، أو تدني قدرتها على اتخاذ القرارات التي تهمها وضعف حريتها في تصريف أمورها، تترتب عليه آثارٌ سلبية متعددة على الحياة الجامعية بعامة، وعلى الإدارة الجامعية بخاصة.

بعبارة أخرى يمكن القول : إن قصور استقلال الجامعة يُعد المشكلة الأم التي تتفرع منها بقية المشكلات الأخرى، فعلى سبيل المثال يترتب على قصور استقلال

(١) فتحي مصطفى محمد رزق، مرجع سبق ذكره، ص ص ١١٠، ١١٥، ١١٦.

الجامعة [١] : عدم قدرتها على تبني معايير قبول ملائمة، وانحسار البحث العلمي الموضوعي وضعف اهتمامه بدراسة مشكلات المجتمع وقضاياه، وشيوع السلبية واللامبالاة والنمطية سواء في مجال التدريس أو البحث، الأمر الذي يؤدي إلى تراجع دور الجامعة وضعف مستوى خريجيها وتدني نظرة المجتمع إليها.

وجملة القول : إن المشكلات التي تواجه الجامعة بصفة عامة، والإدارة الجامعية بصفة خاصة، ترجع في جزء كبير منها إلى قصور استقلال الجامعة. وقد أشارت إلى هذا بعض الدراسات، حيث أكدت إحداها على أن المشكلة الكبرى في الجامعات المصرية والعربية تكمن في غياب الاستقلالية والديمقراطية، إضافة إلى سيادة البيروقراطية التي تحول العمل في الجامعات - في النهاية - إلى عملٍ روتينيٍّ وليس عملا إبداعيا [٢].

كما ذكرت دراسة أخرى أن قضية استقلال الجامعة باتت من بين أكثر القضايا إلحاحا لإصلاح نظام التعليم الجامعي في مصر، حيث إن معظم الملامح غير الصحية التي يعاني منها هذا النظام بما في ذلك عملية اختيار القيادات الجامعية التي تتم من خلال التعيين، هي من إفرازات غياب - أو بالأحرى - تغييب استقلال الجامعة [٣].

أما بخصوص الدلائل التي توضح قصور استقلال الجامعة في الواقع فهي كثيرة، منها وجود " قوى داخلية وخارجية متعددة في منطلقاتها ومصالحها تهدف إلى

---

(١) راجع على سبيل المثال :

- فيران فيرر، "نظام الالتحاق بالجامعة : وجهة نظر أوروبية"، مجلة مستقبليات، مرجع سبق ذكره، ص ٤٦٥.
- عمر السباخي، "استقلال الجامعة بين الشعار والتطبيق"، مجلة التربية المعاصرة، العدد ٣٣، سبتمتر ١٩٩٤، ص ص ٢٢٩ ، ٢٣٠.

(٢) محمد سيف الدين فهمي، "إدارة الجامعة في مصر- جسم بدون رأس"، تعقيب في مؤتمر (الإدارة الجامعية في الوطن العربي)، مرجع سبق ذكره، ص٥٥.

(٣) محمد أحمد عبد الدايم وأحمد نجم الدين أحمد عيداروس، مرجع سبق ذكره، ص٢٢٣.

حرمان الجامعة من التمتع بحريتها الأكاديمية، وهـذه القـوى إمـا أنهـا تـزعم ملكيتها للحق والحقائق المطلقة التي لا تقبل الـنقض أو التغيـير، وإمـا أنهـا تمتلـك مصادر السلطة والسلطان، وتخشى من أن يهدد الفكر المتحرر مصالحها ونفوذها "(١).

وكذلك مـن الـدلائل التـي توضـح قصـور اسـتقلال الجامعـة التعـديلات التـي أجريت على بعض نصوص قانون تنظيم الجامعـات رقـم (٤٩) لسـنة ١٩٧٢، فعـلى الرغم من أن المادة الأولى تنص على أن تكفل الدولة اسـتقلال الجامعـات (٢)، فـإن التعديلات التي طـرأت عـلى بعـض نصـوص القـانون السـابق عـام ١٩٩٤م جـاءت مهدرة لضمانات الاستقلالية (٣). وكان من أبرز هذه التعديلات العـدول عـن نظـام انتخاب عمداء الكليات والأخذ بنظام التعيين (٤).

كما أن من مظاهر قصور استقلال الجامعة زيادة الرقابة عليهـا، باعتبـار أنـه كلما زادت درجة الرقابـة المفروضـة عـلى الجامعـة، تقلصـت اسـتقلاليتها في اتخـاذ القرارات التي تراهـا مناسـبة، ولا تـزال الجامعـات المصرـية "تخضـع للعديـد مـن أجهزة الرقابة كوزارة المالية ووزارة التخطيط والجهاز المركزي للمحاسبات، والجهاز المركـزي للتنظـيم والإدارة، وذلـك دون أن يكـون هنـاك تنسـيق بـين أدوار هـذه الأجهزة من حيث رقابتها على الجامعات، ودون اعتبار لمدى التعويق الذي قد

(١) حامد عمار، الجامعة بين الرسالة والمؤسسة (القاهرة : مكتبة الدار العربية للكتاب، ١٩٩٦)، ص١٠٦.

(٢) الإدارة العامة للشئون القانونية بالهيئة العامة لشئون المطابع الأميرية، قانون تنظيـم الجامعـات رقـم (٤٩) لسـنة ١٩٧٢ ولائحته التنفيذية وفقًا لآخر التعديلات (القاهرة : الهيئة العامـة لشـئون المطـابع الأميريـة، ١٩٩٧)، ط١٢ معدلة، مادة (١)، ص٢.

(٣) عمر السباخي، مرجع سبق ذكره، ص ص ٢٣١ - ٢٣٧.

(٤) المادة ٤٣ (١) معدلة بالقانون رقـم ١٤٢ لسـنة ١٩٩٤، قـانون تنظـيم الجامعـات المصرـية رقـم (٤٩) لسـنة ١٩٧٢ ولائحته التنفيذية وفقًا لآخر التعديلات، مرجع سبق ذكره، ص٢٤.

يترتب على هذه الرقابة" [1].

هذا بالإضافة إلى وجود أعضاء داخل مجلس الجامعة، يراقبون أداءه الإداري وإجراءات اتخاذ القرارات، ويسهمون فيها بقوة، ويكون هؤلاء الأعضاء في الغالب ممثلين عن بعض الوزارات مثل وزارة التربية والتعليم ووزارة المالية، ويعيَّنون من قِبَل هذه الوزارات، ولا توجد اشتراطات أو معايير واضحة يتم على أساسها اختيارهم، وما وجد من شرط في هذه القضية جاء مبهما غير واضح [2].

ولا تقتصر الرقابة في الجامعات المصرية على الجوانب الإدارية فحسب، بل تمتد لأكثر من هذا لتشمل الرقابة الأمنية، حيث يُشير البعض إلى "تعاظم دور مكاتب الأمن، وتعدد انتهاكات السلطة التنفيذية لاستقلالية الجامعات، وإهدار ما يسمى بالحريات الأكاديمية، وذلك بالعمل على نشر وترويج الرؤية الأحادية ذات الصلة الوثيقة بالخط الرسمي للدولة، واضطهاد ماعداها من رؤى واتجاهات، وقد ترتب على ذلك تخرج كوادر تتميز بقدرة فائقة على النفاق وإشاعة روح الانتهازية العلمية والفكرية، وسيادة روح الشللية، وتواري كل ما يمت بصلة إلى قيم الموضوعية والعقلانية والتعددية" [3].

وهذا ما حدا بأحد الباحثين للقول : "بأننا نعيش مرحلة ضعف الاستقلال الأكاديمي الجامعي، وأن الجامعة لم تعد تستطيع الانفراد بإدارة شئونها ... ومن أكثر ما تشكو منه الجامعة في مصر هو ضعفها وخضوعها للسلطة السياسية

---

(١) محمد سيف الدين فهمي، "من كلمات افتتاح مؤتمر التعليم من أجل مستقبل عربي أفضل"، مؤتمر (التعليم من أجل مستقبل عربي أفضل)، في الفترة من ٢٩ - ٣٠ أبريل ١٩٩٧، كلية التربية، جامعة حلوان بالاشتراك مع جامعة الدول العربية، ص١٥٩.

(٢) محمد أحمد عبد الدايم وأحمد نجم الدين أحمد عيداروس، مرجع سبق ذكره، ص ص ٢٧٠،٢٧١.

(٣) عواطف عبد الرحمن، "التعليم الجامعي : الإشكاليات والحلول"، مؤتمر (التعليم الجامعي بين الحاضر والمستقبل)، في الفترة من ١٧ - ٢١ يونيو ١٩٨٩، جامعة القاهرة، ص٤.

والإدارية، حتى تكاد الجامعة تصبح الأداة والعقلية المفكرة للسلطة الحاكمة"[1].

وقد ترتب على ما سبق ذكره العديد من السلبيات في أداء الإدارة الجامعية، من أهمها قصور سلطتها في صنع وصياغة السياسات الجامعية.

قصور أساليب اختيار القيادات الجامعية :

تعد هذه المشكلة نتيجة للمشكلة السابقة أو إفرازا من إفرازاتها، وذلك لأن أساليب اختيار القيادات الجامعية تتوقف إلى حد كبير على مدى ما تتمتع به الجامعة من استقلالية، ففي حالة استقلال الجامعة بالصورة المرجوة يصبح لمجتمع الجامعة دور فعال في اختيار قياداته، وعلى الجانب الآخر في حالة قصور هذا الاستقلال يكون دور مجتمع الجامعة هامشيا وليس له تأثير يذكر.

وبصفة عامة يتعيَّن إعطاء الفرصة لأعضاء هيئة التدريس والطلاب لتحديد الأسلوب الأمثل لاختيار قياداتهم؛ وذلك لأن أساليب اختيار القيادات الجامعية تؤثر في سلوكيات هذه القيادات مع كل المنتمين إلى الجامعة من أعضاء هيئة تدريس وطلاب وإداريين وغيرهم، كما أن ما تتمتع به هذه القيادات من خصائص ومهارات ينعكس سلبا أو إيجابا على مخرجات الجامعة، وعلى حركتها نحو تحقيق أهدافها.

وتتنوع أساليب اختيار القيادات الجامعية في الدول المتقدمة ما بين الانتخاب والمسابقة والتعيين في بعض الأحيان، وتشمل شروط الاختيار جوانب متعددة منها: صفات الفرد ومهاراته الإدارية، وسمعته وعلاقاته ومدى وعيه الوظيفي بمهامه الإدارية، بالإضافة إلى حصوله على تأهيل إداري أو دورات تدريبية متخصصة في مضمون الوظيفة ذاتها، وتشترط بعض النظم بالنسبة لوظيفتي رئيس الجامعة ونائبه أن يُقدم المرشح برنامجا تطويريا يشمل كافة الشئون التعليمية والبحثية والإدارية،

---

(١) محمد نبيل نوفل، "تأملات في مستقبل التعليم العالي"، مرجع سبق ذكره، ص٥٩.

ويحدد الإجراءات التنفيذية لهذا البرنامج [١].

ويعد أسلوب الانتخاب أبرز أساليب اختيار القيادات الجامعية، حيث "يُعد مبدأ ديمقراطيا أساسيا، يجعل الرئيس المختار حريصا على كسب رضا الأعضاء واحترامهم وتقديرهم ماداموا هم الذين يملكون حق الاختيار، فضلا عما في هذا الاختيار من ممارسة حق إنساني وحق أكاديمي" [٢].

ومهما قيل في سلبيات اختيار القيادات الجامعية بالانتخاب، فإن الانتخاب يمثل القاعدة وليس الاستثناء من حيث تعميق الممارسة الديمقراطية في المجتمع الأكاديمي، ورفع الروح المعنوية لأعضاء هيئة التدريس من خلال "شعورهم بأن لهم وزنا وقيمة، وأن الأخذ بآرائهم في اختيار رئيسهم فيه شيء من الكرامة لأعضاء هيئة التدريس، وإكبار للدولة التي تُرسخ الديمقراطية وتنادي بها" [٣].

ولذا ففي الدول المتقدمة أعطت القوانين واللوائح المنظمة للجامعات مطلق الحرية لكافة المجالس الجامعية الرئيسة في اختيار رؤسائها وقياداتها وتحديد الإجراءات التي تضمن سلامة العملية الانتخابية وإجرائها بحيدة كاملة وموضوعية

---

(١) See for Example :

- Hoff, K.S., “Leaders and Managers : Essential Skills Required within Higher Education”, Higher Education, Vol. ٣٤, No. ٣, October ١٩٩٩, PP., ٣١٥ - ٣١٩.
- Prichard, C., Making Managers in Universities and Colleges (London : Society for Research into Higher Education, Ltd., ٢٠٠٠), PP., ١٥٦ - ١٦١.
- Bowen, W. & Shapiro, H., Universities and Their Leadership (New Jersey : Princeton University Press, ١٩٩٨), PP., ٣٩ - ٤٣.

(٢) سعيد إسماعيل علي، "الحرية الأكاديمية للتعليم العالي لمواجهة تحديات مطلع القرن"، مؤتمر (التعليم العالي العربي وتحديات مطلع القرن الحادي والعشرين)، في الفترة من ١٧ - ٢٠ أبريل ١٩٩٤، كلية التربية، جامعة الكويت، ص٣٠٣.

(٣) محمد وجيه الصاوي، "من زاوية تربوية : رأي جديد في اختيار العميد"، مجلة التربية، كلية التربية، جامعة الأزهر، العدد ٤٧، نوفمبر ١٩٩٤، ص٢٦٢.

تامة <sup>(١)</sup>.

كما اشترطت هذه المجالس في القيادات الجامعية التي يُجدد لها تقديم قائمة بالإنجازات الملموسة أو بما قدموه للجامعة من خدمات خلال فترة قيادتهم لها، إلى جانب مشروعاتهم المستقبلية لتطوير الجامعة حتى يمكن قبول ترشيحهم لمدة أخرى من قِبَل اللجان الانتخابية <sup>(٢)</sup>.

وقد انعكست أساليب عملية الاختيار وشروطها على طبيعة القيادات الجامعية في تلك الدول، حيث تتميز معظم هذه القيادات بالفعالية في أداء المهام الإدارية، والوعي التام برسالة الجامعة، والعمل المستمر على تطويرها بما يخدم البيئة المحيطة، ويتواكب ومعطيات التقدم العلمي.

أما في مصر فيقتصر اختيار القيادات الجامعية على التعيين، فبالنسبة لرئيس الجامعة ونوابه تنص القوانين واللوائح التي صدرت لتنظيم الجامعات منذ عام ١٩٢٥ وحتى الآن على اختيارهم بالتعيين، وبخصوص عمداء الكليات فقد ظل اختيارهم بالانتخاب لفترة طويلة، إلى أن جاءت التعديلات التي أجريت عام ١٩٩٤م لبعض مواد القانون رقم (٤٩) لسنة ١٩٧٢ والتي سلبت حق مجالس الكليات في انتخاب عمدائها؛ إذ نقلت هذا الحق لرئيس الجامعة دون أخذ رأى أية مجالس جامعية.

وبالنسبة للتجديد للقيادات الجامعية في مصر ـ يُتَّبع نفس الأسلوب، حيث يصدر قرار من القيادة السياسية العليا (رئيس الدولة) بالتجديد لرئيس الجامعة ونوابه، ويصدر قرار من رئيس الجامعة بالتجديد لعميد الكلية.

---

(١) راجع على سبيل المثال :

- محمد أحمد عبد الدايم وأحمد نجم الدين أحمد عيداروس، مرجع سبق ذكره، ص٢٧٤.

- Prichard, C., Op. Cit., PP., ١٥٨ - ١٦٠.

(٢) المرجع السابق، نفس الصفحات.

وتجدر الإشارة في هـذا الصـدد إلى أن المـواد [1] التـي تناولـت تعيـين رؤسـاء الجامعات ونوابهم وعمداء الكليات، والتجديد لهم، لم توضـح المعـايير والمقومـات الموضوعية التي يتم في ضوئها التعيين والتجديد لهذه القيادات، كما أن هذه المـواد لم تحدد الفترات الرسمية لتلك القيادات.

ومهما كانت المبررات لاختيار القيادات الجامعية عن طريق التعيين، والـتخلي عن مبدأ الانتخاب، إلا أن هذا الأسلوب - التعيـين - أصـبح لا يتوافـق مـع تطـور الحيـاة السياسـية، والتحـولات الديمقراطيـة التـي حـدثت عـلى المسـتوى العـالمي والمحلي. كما أنه "يحمل ضمنا ضعف الثقة في أهلية أسـاتذة الجامعـات في اختيـار قياداتهم، وإذا كان الأمر هو أمر تعيين، فيظل السـؤال : وفـق أيـة معـايير ؟ فلقـد شاع لدينا في سنوات سابقة معيار الثقة دون معيار الخبرة والجـدارة، ولا نسـتطيع الزعم بأن آثار هذه السـنوات قـد ولـت تمامـا، خاصـة أن معيـار الثقـة هـذا كـان يتحـول في بعـض الأحيـان إلى اعتبـارات شخصـية بحتـة، تـرتبط بـالولاء والمعرفـة الشخصية والمسايرة وأساليب التزلف والمداهنة، وكل هذا من شأنه أن يفرز مثيلـه في الإدارة والتعامل"[2].

كما يشير الواقع الـراهن إلى قصـور مراعـاة جانـب مهـم في اختيـار القيـادات الجامعية، وهو تدريبهم على كيفية ممارسة مهامهم المستقبلية، حيث يتم تصعيد الأستاذ من موقع إداري إلى آخر، دون أن يمر بتجربة تدريب واحدة.

وجدير بالذكر أن أوجـه الخلـل السـابقة سـوف تـنعكس بالسـلب عـلى قيـام الإدارة الجامعية بالأدوار والمهام المتوقعة منها، الأمر الذي يـدعو إلى وضـع معـايير علمية لاختيار القيادات الجامعية، تجمع بين الديمقراطية في الاختيار، والتمتع

---

(1) المواد أرقام [ ٢٥ ، ٢٩ (١) ، ٤٣ (١) ]، قانون تنظيم الجامعات رقم (٤٩) لسنة ١٩٧٢، مرجـع سـبق ذكـره، ص ص ١٢ ، ١٣ ، ٢٤.

(2) سعيد إسماعيل علي، التعليم على أبواب القرن الحادي والعشرين (القاهرة: عالم الكتب، ١٩٩٨)، ص ص ٦، ٧.

بالصفات القيادية، والتدريب على مهام وأساليب الإدارة الجامعية.

غياب المناخ الجامعي المناسب :

يُقصد بالمناخ الجامعي : مجموعة العلاقات العلمية والإنسانية والتنظيمية السائدة في الجامعة أو الكلية بين الأفراد وبعضهم البعض، وبينهم وبين الرؤساء. ويُعد المناخ الجامعي من العوامل المهمة المؤثرة في سلوك المنتمين إلى الجامعة، وفي استجاباتهم لما يكلفون به من مهام.

ولا شك أن توفير المناخ الجامعي المناسب من شأنه تحسين العملية التعليمية والإدارية بالجامعة، كما أن افتقاد هذا المناخ يؤدي إلى كثير من جوانب الخلل في العمل الجامعي، ومن ثمَّ يؤثر بالسلب على عمل الإدارة الجامعية.

وإذا كانت العملية التعليمية بمفهومها الشامل - الذي لا يقتصر على الجانب المعرفي فقط - تتم من خلال تفاعلات مع جوانب عدة ثقافية واجتماعية وسياسية واقتصادية وغيرها، فإن الصورة المنشودة التي يجب أن تكون عليها الجامعة لتحقيق مثل هذا المفهوم لها ملامح عديدة منها توفر المناخ الجيد الذي يتضمن قيم التعاون والعمل الجماعي والحرية ومشاركة الطلاب في تنظيم الحياة الجامعية، وفي طرح الرؤى والحلول للمشكلات الجامعية والطلابية.

وبعبارة أخرى من الضروري توفير مناخ جامعي تراعى فيه الديمقراطية فكرا وعملا، تنظيرا وممارسة، ولن يحدث هذا من خلال الخطب والبحوث والمقالات والتغني بالديمقراطية تعميقا وتوضيحا وتفسيرا فحسب، بل إلى جانب ذلك لابد من التنشئة والتعويد والتدريب، وهذه عمليات تدخل في صلب العمل التعليمي بمعناه الواسع الذي يتجاوز الحدود المعرفية ليتسع شاملا جوانب الحياة [1].

أما بخصوص واقع المناخ الجامعي في مصر، فإن هناك بعض المؤشرات التي

---

(١) المرجع السابق، ص١.

توضح قصوره من بينها [1]:

- الفردية : فكثيرا ما يعزف بعض أعضاء هيئة التدريس عن التعاون مع بعضهم البعض، إما اعتزازا أو ترفعا أو استئثارا أو لخلافات فردية أو لغير ذلك، الأمر الذي يؤدي إلى الانعزالية، وغياب العمل الجماعي المنظم، وانعدام روح الفريق.
- التحكم والتسلط : حيث يلجأ بعض الأفراد إلى التسلط أو فرض إرادتهم أو رأيهم، ويساعد على وجود هذه الظاهرة تمتع بعض أفراد المجتمع الجامعي بسلطة التقدير المطلق خاصة في المسائل العلمية والفنية والتكنولوجية.
- فجوة الأجيال : حيث تجد القيادات الجامعية صعوبة في إقناع الأجيال الجديدة بالمفاهيم السائدة.
- التعالي : إذ يحدث أحيانا أن يتعالى بعض أفراد المجتمع الجامعي، وخاصة الذين يتمتعون منهم بندرة نسبية في سوق العمل، ويؤدي هذا الأمر إلى خلق جو من النفور والتباعد؛ فيقل التعاون ويضعف الإنجاز.

ومن مظاهر غياب المناخ الجامعي الجيد، المركزية الشديدة في اتخاذ القرارات الجامعية، وإصدار ما يسمى بالقرارات الفوقية، فعلى مستوى الجامعة نجد أنه على الرغم من عدم نص المواد التي حددت مهام رئيس الجامعة [2] صراحة على أنه المسئول عن صنع القرار واتخاذه بشكل مطلق، فإن ذلك يظهر بصورة واضحة من خلال القراءة التحليلية لبعض مواد القانون التي حددت بعض المهام الأخرى لرئيس الجامعة، حيث تؤكد هذه المواد [3] حقه القانوني في ترشيح نوابه، وتعيين عمداء الكليات والوكلاء ورؤساء الأقسام، وتعيين

---

(1) سعيد إسماعيل علي، "تحليل وتفسير سلبيات الوضع الراهن في الحياة الجامعية في مصر"، مجلة دراسات في التعليم الجامعي، مركز تطوير التعليم الجامعي، جامعة عين شمس، العدد الأول، ١٩٩٣، ص ص ٢٩ ، ٣٠.

(٢) المواد أرقام (٢٦ ، ٢٧ ، ٢٨) ، قانون تنظيم الجامعات رقم (٤٩) لسنة ١٩٧٢، مرجع سبق ذكره، ص١٢.

(٣) المواد أرقام (٢٢ ، ٣٤ ، ٣٧ ، ٤٣ ، ٤٧ ، ٦٥ ، ٨٤ ، ٨٥)، قانون تنظيم الجامعات رقم (٤٩) لسنة ١٩٧٢، مرجع سبق ذكره، ص ص ٩ ، ١٦ ، ٢٠ ، ٢٤ ، ٢٦ ، ٣٠ ، ٣٨.

الأعضاء الخارجيين بكافة المجالس الجامعية.

وغنيٌّ عن البيان أن ذلك يؤثر بالسلب على عملية اتخاذ القرارات الجامعية، ويضعف من حرية الرأي وديمقراطية الحوار داخل المجالس الجامعية، مما يترتب عليه قصور المناخ التنظيمي والجامعي بشكل عام. وعلى مستوى القسم أشارت إحدى الدراسات إلى انتشار بعض مظاهر المركزية، وكان من بينها: تحديد رئيس القسم لجدول أعمال المجلس دون إشراك معظم الأعضاء، واستئثاره بالوقت المخصص لاجتماع المجلس، وتكوينه لتكتلات داخل مجلس القسم لتسهيل اتخاذ القرارات التي يريدها [١].

وكذلك من مؤشرات قصور المناخ الجامعي ضعف العلاقة بين طلاب الدراسات العليا وأساتذتهم، حيث إن هذه العلاقة - في معظم الحالات - "يشوبها الخوف من قِبَل الطالب والشعور بالاستعلاء من جانب الأستاذ، فيلجأ الأستاذ إلى أساليب القهر الفكري، ويلجأ الطالب إلى التملق والنفاق، ويُعد هذا أسوأ مناخ لإعداد طالب الدراسات العليا" [٢]. كما أن هناك بعض أفراد المجتمع الجامعي "قلما يرشدون غيرهم من الباحثين إلى الحلول العلمية لمشكلاتهم رغم علمهم بها، وكثيرا ما يعبر هؤلاء صراحة بأن تسهيل العلم للآخرين يُعجل بترقيتهم فيصعدون على أكتاف غيرهم" [٣].

(١) أحمد نجم الدين أحمد عيداروس، "صنع القرار واتخاذه في الجامعات المصرية : دراسة ميدانية على كليات التربية"، رسالة ماجستير غير منشورة، كلية التربية، جامعة الزقازيق، ١٩٩٤، ص ص ٢٢٢ – ٢٢٥.

(٢) محمد عزت عبد الموجود، "التعليم العالي وإعداد هيئة التدريس"، مجلة دراسات تربوية، المجلد ٣، الجزء ١١، مارس ١٩٩٨، ص٥٤.

(٣) محمد حسنين العجمي، "نحو تصور مقترح لمسارات إصلاح التعليم الجامعي لتهيئة الشباب لمواجهة تحديات القرن الحادي والعشرين"، مؤتمر (دور كليات التربية في خدمة المجتمع وتنمية البيئة)، في الفترة من ٢٤ – ٢٥ ديسمبر ١٩٩٦، كلية التربية، جامعة المنصورة، ص١٧٣.

ويضاف لما سبق قلة الفرص المتاحة للطلاب للتعبير عن آرائهم وللتفاعل مع الأساتذة ومناقشتهم، وتدني مشاركة الطلاب في الأنشطة الجامعية المختلفة، وعدم اشتراك ممثلين عنهم في المجالس الجامعية على خلاف ما يحدث في الدول المتقدمة.

هذا، ولعل مما يؤكد على قصور المناخ الجامعي في مصر ما قاله "أحمد زويل" - الحائز على جائزة نوبل في الكيمياء عام ١٩٩٩ - حينما سُئِلَ عن سبب تأخر البحث العلمي في مصر، فأجاب "افتقاد المناخ العلمي السليم".

قصور القوانين واللوائح المنظمة للعمل الجامعي :

تعددت القوانين واللوائح [1] التي صدرت بخصوص تنظيم الجامعات في مصر وكان آخر هذه القوانين القانون رقم (٤٩) لسنة ١٩٧٢ ولائحته التنفيذية والتعديلات التي أجريت على بعض مواده بالقانون رقم ١٤٢ لسنة ١٩٩٤م.

وعلى الرغم من الدور المهم الذي لعبته هذه القوانين في تنظيم العمل الجامعي، لاسيما القانون المعمول به حاليا، فإن بعض نصوص ومواد هذا القانون تحتاج إلى مراجعة وإعادة نظر خاصة في ضوء التغيرات المعاصرة والمتوقعة مستقبلا، وما فرضته على التعليم الجامعي من تحديات ومسئوليات متعددة.

ومن المواد التي تتسم بالعمومية وتحتاج إلى مراجعة، المادة (٢٣) التي حددت مهام مجلس الجامعة حيث يلاحظ أنها تتسم بعمومية الألفاظ وتكرارها الدائم بين مهام أكثر من مجلس جامعي، وغموض من له الأحقية في صنع القرار أو اتخاذه،

---

(١) من أبرز هذه القوانين :

- قانون تنظيم الجامعات المصرية عام ١٩٢٥م.
- قانون رقم (٤٢) لسنة ١٩٢٧م بإعادة تنظيم الجامعة المصرية.
- قانون رقم (٩٦) لسنة ١٩٣٥م بتعديل بعض مواد القانون رقم (٤٢).
- قانون رقم (٥٠٨) لسنة ١٩٥٤م بإعادة تنظيم الجامعات المصرية.
- قانون رقم (٤٣٩) لسنة ١٩٥٥م بتعديل بعض أحكام القانون رقم (٥٠٨).
- قانون رقم (٣٤٥) لسنة ١٩٥٦م لتنظيم الجامعات المصرية.
- قانون رقم (١٨٤) لسنة ١٩٥٨ في شأن تنظيم الجامعات في الجمهورية العربية المتحدة.

وإن أكدت بعض نصوص المادة السابقة [١] على أحقية مجلس الجامعة في أمور محددة مثل رسم السياسة التعليمية، وتعيين هيئات التدريس، ومنح الدرجات العلمية ....

هذا بالإضافة إلى أنه عند المقارنة بين مهام مجلس الجامعة ومهام رئيس الجامعة[٢] يتضح أن هناك تكرارا وغموضا، يعطي الحق لرئيس الجامعة في التصرف دون أخذ رأي مجلس الجامعة، وليس عليه أية مآخذ قانونية.

وهناك مواد أخرى بات من الضروري إعادة النظر فيها حتى تتمكن الجامعة من الانطلاق والتفاعل مع التحديات المعاصرة خاصة مع التحديات العلمية والتكنولوجية والتحولات الديمقراطية، ومن بين هذه المواد المادة المتعلقة بإعداد أعضاء هيئة التدريس والباحثين [٣] والتي تجعل قيام الطالب بإعداد رسالة الركيزة الأساسية للحصول على الدرجة العلمية، مع العلم بأن هذه الرسالة قد تفقد قيمتها العلمية والتطبيقية قبل أن يتم الفراغ منها نظرا لسرعة التقدم العلمي.

وكذلك المادة المنظمة للجوانب المالية للجامعة [٤]، والتي تشترط ضرورة توقيع ممثل لوزارة المالية على الشيكات قبل صرفها. وكذا المواد المتعلقة بمكافآت التدريس [٥]، والمواد التي أدى تعديلها بالقانون رقم (١٤٢) لسنة ١٩٩٤م إلى

---

(١) المادة (٢٣)، قانون تنظيم الجامعات رقم (٤٩) لسنة ١٩٧٢، مرجع سبق ذكره، ص ص ١٠ - ١٢.

(٢) راجع :

- المواد أرقام (٢٦ ، ٢٧ ، ٢٨)، قانون تنظيم الجامعات رقم (٤٩) لسنة ١٩٧٢، مرجع سبق ذكره، ص١٢.
- المادة (١٧)، اللائحة التنفيذية لقانون تنظيم الجامعات رقم (٤٩) لسنة ١٩٧٢، مرجع سبق ذكره، ص١٠٩.

(٣) المادة رقم (٩٢)، اللائحة التنفيذية لقانون تنظيم الجامعات رقم (٤٩) لسنة ١٩٧٢، مرجع سبق ذكره، ص ص ١٣٥ ، ١٣٦.

(٤) المادة رقم (٢٥٤)، اللائحة التنفيذية لقانون تنظيم الجامعات رقم (٤٩) لسنة ١٩٧٢، مرجع سبق ذكره، ص٢٠٤.

(٥) المواد من رقم (٢٧٥) إلى رقم (٢٩٨)، اللائحة التنفيذية لقانون تنظيم الجامعات رقم (٤٩) لسنة ١٩٧٢، مرجع سبق ذكره، ص ص ٢١٥ - ٢٢٢.

تقليل سلطات المجالس الجامعية، والتوسع في سلطات وصلاحيات القيادات الجامعية [1]. وكان من أبرز هذه التعديلات إعطاء حق تعيين عمداء الكليات لرئيس الجامعة والعدول عن نظام الانتخاب وإغفال حق مجالس الكليات في اختيار عمدائها.

هذا، وجدير بالذكر أن القانون رقم (٤٩) لسنة ١٩٧٢م يتضمن العديد من النصوص والمواد القانونية الجيدة التي تتلائم مع التغيرات المؤثرة على التعليم الجامعي، إلا أن الإجراءات المعقدة، والمركزية الشديدة التي تجعل من الجديد قديما، والخطوات الروتينية الطويلة التي تتطلبها عملية التنفيذ، تُفقد هذه النصوص والمواد أهميتها وجدواها، وتقلل من فاعليتها في مساعدة الإدارة الجامعية على القيام بمهامها.

قصور الهيكل التنظيمي للجامعات :

هناك بعض المؤشرات التي توضح قصور الهيكل التنظيمي الحالي للجامعات المصرية، ومن أبرز هذه المؤشرات :

- تماثل الهيكل التنظيمي للجامعات، وعدم مراعاته للاختلاف بين ظروف وأحوال الجامعات المختلفة [2].
- الاهتمام بالشكل التنظيمي بغض النظر عن مدى ملاءمته لظروف واحتياجات المجتمع الفعلية.
- البنية التنظيمية المزدوجة للجامعة والكلية، والتي تتمثل في الفصل بين الوظائف الأكاديمية والإدارية.
- التداخل بين مسئوليات وسلطات بعض الوظائف، خاصة الوظائف القيادية.

---

(١) المواد أرقام [ ١٣ (١)، ١٤ (٢)، ٤٣ (١) ]، قانون تنظيم الجامعات رقم (٤٩) لسنة ١٩٧٢، مرجع سبق ذكره، ص ص ٥ ، ٢٤.

(٢) وزارة التعليم العالي، "مشروع الخطة الاستراتيجية لتطوير منظومة التعليم العالي"، مرجع سبق ذكره، ص٦.

- نقص بعض الوظائف التي يتطلبها تطوير التعليم الجامعي مثل : وظيفة وكيل الكلية للتقويم والامتحانات، ووظيفة وكيل الكلية للأنشطة الطلابية، ووظيفة نائب رئيس الجامعة للشئون المالية والإدارية.

محدودية الموارد المالية وضعف الإمكانات المتاحة :

يمثل تمويل التعليم الجامعي مشكلة تواجه معظم دول العالم بما في ذلك الدول المتقدمة؛ نظرا لارتفاع تكلفة الدراسة بهذه المرحلة. ولذا تحرص معظم الدول على زيادة الموارد المخصصة للتعليم الجامعي بصفة مستمرة؛ لتلبية الاحتياجات المادية المتزايدة لهذا النوع من التعليم.

فعلى سبيل المثال تنفق الولايات المتحدة الأمريكية على الطالب في التعليم الجامعي (٧,٩٦٥) دولارا، وتنفق اليابان (٦,٣٣٧) دولارا [١] .

أما في مصر فإن ما ينفق على الطالب في التعليم الجامعي (٤٩٠٥) جنيها وهو ما يعادل (٨١٦) دولارا [٢] . أي أقل بكثير مما ينفق على الطالب في الدول المتقدمة.

وعلى الرغم من زيادة الميزانية المخصصة للتعليم الجامعي في مصر من (٢٨٣) مليون جنيه عام ١٩٨٢ إلى (٦٤٥ ألف، ٤٥٧مليون، ٢مليار) جنيها عام ١٩٩٤/١٩٩٥، إلى (٦١٤ ألف، ٩٣٨مليون، ٢مليار) جنيه عام ١٩٩٥/ ١٩٩٦، ثم إلى (٧٥٣ مليون، ٤مليار) جنيه عام ٢٠٠١/٢٠٠٢، ثم إلى (٥) مليار جنيه هذا العام ٢٠٠٢/٢٠٠٣، ومن المتوقع أن تصل إلى (٥,٥) مليار

(١) Greenaway, D. & Haynes, M., "Funding Universities to Meet National and International Challenges",School of Economics Policy Report, ٢٠٠٠, P.,٢٩ in www.nottingham. ac. Uk / economics /funding/ funding. pdf

(٢) مركز بحوث تطوير التعليم الجامعي، إحصاء موازنات جامعات جمهورية مصر العربية في العام الجامعي ٢٠٠٠ / ٢٠٠١، المجلس الأعلى للجامعات، ص١٠.

جنيه العام المقبل ٢٠٠٤/٢٠٠٣ [١] ، فإن معدلات الغلاء العالمية، والضغط الطلابي المتزايد، وكذلك الرغبة في الوصول إلى مستويات جودة أعلى، كل ذلك يجعل هذه الأموال غير كافية، الأمر الذي يترتب عليه قلة المخصصات المالية اللازمة لكافة عناصر العملية التعليمية، بما فيها مرتبات أعضاء هيئة التدريس ومكافآتهم، ومتطلبات المكتبات والمعامل، والأجهزة العلمية والأدوات والخامات، ... وغيرها.

ومما يؤكد عدم كفاية المخصصات المالية للتعليم الجامعي، ما أشارت إليه بعض الدراسات [٢] من أن الجامعات في مصر تعاني من قلة الإمكانات والتجهيزات المتاحة للعملية التعليمية؛ فالقاعات والمدرجات لم تعد بالقدر الكافي الذي يتناسب والأعداد الكبيرة والتخصصات المتعددة، وكذلك لا تكفي المعامل المتاحة وتجهيزاتها لتدريب الطلاب وتعليمهم، هذا بالإضافة إلى نقص الوسائل التعليمية وضعف مواكبة المتوافر منها للتكنولوجيا التعليمية الحديثة، وافتقار المكتبات إلى المراجع الحديثة والدوريات والمواد السمعية والبصرية والأقراص المدمجة، وندرة استخدام التكنولوجيا الحديثة في إدارة المكتبة، وفي البحث عن المراجع أو المادة العلمية بشكل عام.

---

(١) راجع :
- المرجع السابق، ص١٠.
- مركز بحوث التعليم الجامعي، إحصاءات التعليم الجامعي في جمهورية مصر العربية في العام الجامعي ٢٠٠٢/٢٠٠١، المجلس الأعلى للجامعات، ص١٩.
- مفيد شهاب، جريدة الأهرام المصرية، بتاريخ ٢٠٠٢/٨/٢٦، ص١٣.

(٢) راجع على سبيل المثال :
- عمر عبد العزيز عمر، "حول تطوير الدراسات العليا والبحث العلمي : أفكار وآراء"، مؤتمر (تطوير الدراسات العليا والبحث العلمي بجامعة الإسكندرية)، في الفترة من ١٥ – ١٦ فبراير ١٩٩٨، معهد الدراسات العليا والبحوث، جامعة الإسكندرية، ص ص ١٧٢ ، ١٧٣.
- علي عبد الرؤوف نصار، مرجع سبق ذكره، ص ص ١٦٢ – ١٦٥.
- محمود عباس عابدين، مرجع سبق ذكره، ص٢٩٧.

ولعله يتضح مما سبق أن نقص الموارد المالية وضعف الإمكانات المتاحة، سوف يؤثر بشكل سلبي على الأدوار والمهام التي يتعيَّن أن تقوم بها الإدارة الجامعية،سواء في مجال استيعاب التكنولوجيا الحديثة في العملية التعليمية والإدارية، أو في مجال تنظيم البرامج التدريبية لأعضاء هيئة التدريس وأفراد الجهاز الإداري، أو في مجال الاهتمام بالبحث العلمي ومساعدة الباحثين على حضور المؤتمرات والندوات العلمية.

زيادة أعباء أعضاء هيئة التدريس وقلة تفرغ بعضهم :

يتحمل عضو هيئة التدريس أعباء كثيرة تؤثر على مدى قيامه بواجباته ومهامه، وهذه الأعباء موزعة بين التدريس والإشراف على الأنشطة الطلابية والقيام بالريادة والبحث العلمي، وما قد يقوم به من أدوار في مجال خدمة المجتمع، وكذا أعمال الامتحانات.

هذا بالإضافة إلى بعض الأعباء الأخرى مثل الانتدابات والتوجه للعمل الخاص الذي يحقق لعضو هيئة التدريس المستوى المعيشي اللائق، فعضو هيئة التدريس يقضي في المتوسط أربعة أيام أسبوعيا داخل كليته، وباقي أيام الأسبوع يقضيها بين الانتدابات.

ويضاف لما سبق السفر والانتقال إلى المدينة التي توجد بها الكلية، خاصة في الجامعات الإقليمية؛ لعدم قدرة كثير من أعضاء هيئة التدريس بهذه الجامعات على توفير مسكن مناسب لهم.

ومن الجدير بالذكر في هذا الصدد أن كثرة الأعباء الملقاة على عضو هيئة التدريس يترتب عليها إما إهماله لبعض المهام المكلف بها، أو تأديته لهذه المهام دون إتقان أو جودة، وفي كلتا الحالتين سيحدث خلل في قيام الإدارة الجامعية بمهامها، خاصة إذا كان عضو هيئة التدريس يشغل منصبا إداريا.

**عدم توفر قاعدة بيانات دقيقة ومتكاملة :**

تعد المعلومات الدقيقة والشاملة من أهم العوامل التي تُسهم في نجاح العملية التعليمية والإدارية بالجامعة؛ وذلك لأن توفر المعلومات الدقيقة يساعد القيادات الجامعية في اتخاذ القرارات الرشيدة، باعتبار أن المعلومات هي الأساس الذي في ضوئه يُصنع القرار وتتحدد طبيعته.

ولذا فمن الضروري توفير معلومات دقيقة وشاملة لدى القيادات الجامعية عن كل العناصر البشرية والمادية بالجامعة، ومن بينها مؤهلات أعضاء هيئة التدريس وأعبائهم الإشرافية والبحثية، وأعدادهم مقارنة بأعداد الطلاب، والقوانين واللوائح المنظمة للعمل، والمخصصات المالية المتاحة، والإمكانات والتسهيلات التعليمية، والبرامج الدراسية بأنواعها المختلفة، واحتياجات سوق العمل ... وغيرها.

وعلى الرغم من الدور المهم الذي يمكن أن تسهم به المعلومات في مساعدة الإدارة الجامعية على القيام بمهامها بالصورة المرجوة، فإن الواقع الحالي بالجامعة يشير إلى نقص المعلومات المتاحة وعدم دقتها وشمولها [1]. الأمر الذي ينعكس بالسلب على العمل الجامعي بصفة عامة، وعلى أداء الإدارة الجامعية بصفة خاصة.

وبعد العرض السابق لأبرز المشكلات التي تعوق الإدارة الجامعية في مصر عن التفاعل مع التحديات المعاصرة، تجدر الإشارة إلى أن هناك مشكلات أخرى تؤثر بالسلب على أداء الإدارة الجامعية، بيْد أن هذه المشكلات نتجت في معظم جوانبها عن قصور في قيام الإدارة الجامعية بمهامها، ومن ثمَّ فهي تمثل خللا في أداء

---

( ) راجع على سبيل المثال :

- محمد أحمد بيومي، "اتجاهات أعضاء هيئة التدريس وطلاب الدراسات العليا بالجامعة نحو عملية التطوير"، مؤتمر (تطوير الدراسات العليا والبحث العلمي بجامعة الإسكندرية)، مرجع سبق ذكره، ص١٠٩.

- يحى عبد الحميد إبراهيم وآخرون، مرجع سبق ذكره، ص٧٢٩.

- على عبد الرؤوف نصار، مرجع سبق ذكره، ص٢٩٣.

الإدارة الجامعية أكثر من كونها معوقا لها، ومن بين تلك المشكلات قصور العلاقة بين الجامعة والمجتمع، وعدم وجود سياسة واضحة للبحث العلمي وتدني اهتمامه بمشكلات المجتمع المحلي.

ولما كانت المشكلات التي سبق تناولها تمثل معوقات تحول دون تفاعل الإدارة الجامعية مع التحديات المعاصرة، لذا فمن الضروري وضع مجموعة من السبل والإجراءات التي تسهم - في حالة تنفيذها - في التغلب على تلك المشكلات. بعض السبل والإجراءات التي تسهم في التغلب على المشكلات التي تواجه الإدارة الجامعية، وتزيد من تفاعلها مع التحديات المعاصرة : في ضوء انعكاسات التحديات المعاصرة على التعليم الجامعي، والتي فرضت عليه إعادة النظر في محتوى ومضمون كافة جوانبه وعناصره لاسيما إدارته، التي أصبح من الضروري أن تضطلع بالعديد من الأدوار والمهام المتجددة، التي تحقق التفاعل بين التعليم الجامعي بعامة والإدارة الجامعية بخاصة وبين التحديات المعاصرة، وفي ضوء ما كشفت عنه الدراسة من مشكلات تحول دون تفاعل الإدارة الجامعية مع التحديات المعاصرة كان من أبرزها : قصور استقلال الجامعة، وغياب المناخ الجامعي المناسب، وقصور بعض القوانين واللوائح المنظمة للعمل الجامعي، وقصور الهيكل التنظيمي للجامعات المصرية، ومحدودية الموارد المالية وضعف الإمكانات المتاحة، في ضوء ما سبق يمكن اقتراح بعض السبل والإجراءات التي تسهم في مواجهة هذه المشكلات، وتزيد من تفاعل الإدارة الجامعية مع التحديات المعاصرة، وذلك على النحو التالي :

- المراجعة الدقيقة لنصوص قانون تنظيم الجامعات رقم (٤٩) لسنة ١٩٧٢ ولائحته التنفيذية لاستبعاد كل نص يثبت أنه معوق لحسن الأداء الجامعي بعامة وأداء الإدارة الجامعية بخاصة، ويتطلب ذلك القيام بما يلي :

- تعديل النصوص[1] التي تهدر استقلالية الجامعة، بحيث تتيح لها الحرية في اتخاذ قراراتها في الأمور الأكاديمية والإدارية والمالية، ويمكن توضيح التعديلات المقترحة لبعض هذه النصوص على النحو التالي :

  - تعديل النصوص التي تشير إلى اختيار رؤساء الجامعات ونوابهم وعمداء الكليات بالتعيين، ليصبح الاختيار بالانتخاب مع وضع الضوابط التي تضمن سلامة العملية الانتخابية.
  - تعديل النصوص المُنظمة للجوانب المالية للجامعة خاصة ما يتعلق منها بالالتزام بتوزيع الأموال على الوحدات والأقسام المختلفة بالجامعة، وعدم نقل الأموال التي لم تنفق إلى العام المالي التالي إلا بعد موافقة وزارة المالية، ورقابة الجهاز المركزي للمحاسبات للجامعة قبل الصرف، ويتعيَّن تعديل هذه النصوص بما يعطي للجامعة الحرية في توزيع أموالها على الوحدات والأقسام المختلفة وفقا لما تراه محققا لأداء رسالتها على خير وجه، ونقل الأموال التي لم تنفق إلى العام التالي مع استثناء الجامعة من موافقة وزارة المالية، وتغيير رقابة الجهاز المركزي للمحاسبات لتصبح بعد الصرف وليس قبل الصرف.
  - تعديل النصوص التي تسمح بتعيين أفراد من خارج الجامعة في مجلس الجامعة، بحيث تتضمن شروطا ومعايير على أساسها يتم اختيار هؤلاء الأفراد، مما يضمن إفادتهم للجامعة. وكذلك يتعيَّن أن تتضمن هذه النصوص بعض الاشتراطات التي تضمن عدم تأثيرهم السلبي على صنع القرار واتخاذه في مجلس الجامعة.

---

(١) سبقت الإشارة في متن الدراسة إلى أرقام المواد التي تناولت النصوص التي سيتم التعرض لها في هذه الجزئية.

- تعديل النصوص التي ترتب على تعديلها بالقانون (١٤٢) لسنة ١٩٩٤م تقليل سلطات المجالس الجامعية والتوسع في سلطات القيادات الجامعية، بحيث تعطي سلطات أكبر وصلاحيات أكثر للمجالس الجامعية. وكأحد جوانب هذا التوجه ينبغي إعفاء رئيس الجامعة من اتخاذ بعض القرارات، وأن يكون حق إصدارها لمجلس الجامعة، وأهمها : القرارات المتعلقة بتعيين عمداء الكليات، والقرارات المتعلقة بتحويل أعضاء هيئة التدريس لمجالس التأديب، والتصديق عليها وعلى قراراتها أيضا، والقرارات المختصة بتعيين أربعة أعضاء من ذوي الخبرة في شئون التعليم الجامعي بمجلس الجامعة، ومثلها لمن يتم تعيينهم في مجلس الدراسات العليا والبحوث ومجلس خدمة المجتمع وتنمية البيئة.

- تعديل النصوص المختصة بمشاركة الطلاب في الأنشطة الجامعية، بحيث تعطي للطلاب مساحة أكبر من الحرية في ممارسة هذه الأنشطة دون أية معوقات.

- تعديل بعض النصوص الأخرى التي تتعلق ببعض عناصر ومجالات العمل الجامعي، ومن هذه النصوص :

- النصوص التي حددت مهام المجالس الجامعية، وبصفة خاصة مجلس الجامعة، ومجلس خدمة المجتمع وتنمية البيئة، ويتعيَّن تعديلها بحيث تكون أكثر وضوحا وتحديدا واختلافا عن مهام رئيس الجامعة، وبحيث توضح من له أحقية صنع القرار واتخاذه.

- النصوص الموضحة لكيفية إعداد أعضاء هيئة التدريس، والغرض من تعديلها هو أن يكون التركيز في الإعداد على المقررات

الدراسية، مـع جعـل الرسائل والبحـوث شرطا جزئيا للحصول على الدرجة العلمية.

- النصوص المختصة بمرتبـات أعضـاء هيئـة التدريس ومكافآتهم، ويتعيَّن تعـديلها بحيـث تحقـق لهـم المسـتوى المعيشي- الـذي يتناسب مع مكانتهم الوظيفية والعلمية.

- إعطاء الجامعة حرية أكبر في تسيير شئونها الإدارية والمالية وذلك مـن خلال:

  - تقليل تدخل الوحدات الرقابية في العمل الإداري والمالي.

  - وضع قواعد مالية أكثر تطورا تتناسب مع طبيعة عمل الجامعات، وتحرير الجامعة من بعض القواعد المالية المطبقة في أجهزة الدولة الأخرى.

  - منح رئيس الجامعة ومجلس الجامعة سلطات تحل محل سلطات وزارة المالية ورئيس الجهاز المركزي للتنظيم والإدارة في الأمور الخاصة بهما داخل الجامعة.

- توفير المزيد مـن الحريـة الأكاديميـة للباحثين، ورفـع القيـود عـن اختيـار الموضوعات البحثية والحصول على البيانات اللازمة.

- توفير الفرص أمام كوادر الجامعة من أعضاء هيئة التدريس بكل فئاتهم والإداريين للمشاركة في صنع القرارات من خـلال إيجـاد قنـوات شرعيـة في شكل لجان أو مجالس مصغرة، إضافة إلى تفعيل مـا هـو موجـود لتحقيـق هذا الغرض.

- تكـوين مجلـس للأمنـاء يتكـون مـن بعـض الشخصيات العامـة المهتمـة بالتعليم الجامعي، يقوم بدور الوسيط بين الحكومـة والجامعـة، لتجنيـب الجامعة الضغوط السياسية المباشرة.

– تحديد المواصفات الوظيفية والشروط التي في ضوئها يتم اختيار القيادات الجامعية في جميع مستوياتها، مع مراعاة اختيار هذه القيادات من خلال عملية الانتخاب الحر، بعيدا عن أي تدخل مهما كانت درجته من قِبَل الجهات الحكومية مع وضع الاعتبارات التي تضمن سلامة إجراءات العملية الانتخابية، بحيث يحكم عملية الاختيار في هذه الحالة كفاءة المرشح وجدارته فقط، والسماح بأهلية الانتخاب لكل من : الأساتذة، والأساتذة المساعدين، والمدرسين، والمدرسين المساعدين، والمعيدين، وممثلي الطلاب في الاتحادات الطلابية، وممثلي الإداريين في المجالس الجامعية.

– تنظيم برامج تدريبية للمرشحين للمناصب القيادية بالجامعة والكلية قبل السماح لهم بممارسة مهامهم؛ لتعريفهم بالقوانين والتشريعات الجامعية والمهارات اللازمة للتعامل مع المواقف الإدارية المختلفة، مما يرفع من مستوى القدرات الإدارية لديهم، ويساعدهم على أداء مهامهم بكفاءة عالية. وقد يتطلب ذلك إنشاء مركز لإعداد القادة الجامعيين بكل جامعة.

– إعادة النظر في الهياكل التنظيمية للجامعات المصرية، بحيث يراعي في هذه الهياكل الاعتبارات التالية:

● البساطة والمرونة.

● التناسب بين الوظائف الموجودة والأنشطة الرئيسة المطلوب القيام بها.

● مراعاة الاحتياجات الخاصة لكل جامعة.

● التوصيف الدقيق لمهام كل وظيفة، خاصة الوظائف القيادية لمنع التداخل والتكرار بين مهام الوظائف المختلفة سواء على مستوى الجامعة أو الكلية.

● إنشاء وظائف جديدة تتمشى مع احتياجات الجامعات التي فرضتها الظروف التعليمية الحالية، ويمكن أن تختلف هذه الوظائف من جامعة

لأخرى حسب طبيعة كل جامعة، ومن الوظائف المقترحة في هذا الشأن :

- وظيفة نائب رئيس الجامعة للشئون الإدارية والمالية.
- وظيفة وكيل الكلية للتقويم والامتحانات.
- وظيفة وكيل الكلية لشئون أعضاء هيئة التدريس والعاملين.
- وظيفة وكيل الكلية للأنشطة الطلابية.

- دعم التوجه نحو لامركزية الإدارة الجامعية من خلال تبني نموذج لامركزية المسئولية الإدارية [1] Decentralization Responsibility Management الذي يعتبر القسم الوحدة الإدارية الأساسية، والذي يمنح الأقسام الأكاديمية قدرا أكبر من السلطة في صنع القرارات الإدارية والمالية، بمعنى أن يكون القسم هو المسئول عن نشاطه العلمي البحثي والتعليمي، وأن يشارك بشكل مباشر في التخطيط لاستخدام الموارد المتاحة، وفي المساءلة عما يترتب على ذلك من تبعات.
- تحقيق التوازن بين الجوانب الإدارية والعلمية في مجالس الأقسام والكليات والجامعات، وذلك من خلال تقسيم المجالس الجامعية على مستوى الجامعة والكلية إلى اختصاصين : مجلس للشئون العلمية والفنية، وآخر للشئون المالية والإدارية، وتخصص اجتماعات على مستوى القسم لكل من الأمرين العلمي والإداري [2]. مع تفويض مجالس الكليات والأقسام سلطات أكبر تُدعم قراراتها.

---

(١) For More Information on This Model See :
- Svarc, J., Op. Cit., PP., ٣٩٧ – ٣٨١.
- Walter, H. M. et. al., "A Comparison of Department Chair Tasks in Australia and the United States", Higher Education, Vol. ٣٨, No. ٣, October ١٩٩٩, PP., ٣٤٦ , ٣٤٧.

(٢) حامد عمار، مرجع سبق ذكره، ص١٥٨.

- توعية أعضاء هيئة التدريس بالقوانين واللوائح وأساليب المشاركة في الإدارة الجامعية من خلال : إضافة مقررات دراسية في الإدارة والتشريعات الجامعية في برامج الدراسات العليا، وعقد دورات تدريب لهذا الغرض، وإصدار نشرات لتفسير وشرح القوانين توزع على أعضاء هيئة التدريس ليكونوا على علم تام بها.
- إتاحة الفرصة للطلاب للتعبير عن آرائهم في مختلف عناصر وجوانب العملية التعليمية بالجامعة وطرح الرؤى والحلول للمشكلات الجامعية والطلابية، واختيار من يمثلهم في الاتحادات الطلابية؛ وذلك لتدريبهم على الممارسات الديمقراطية وإكسابهم قيم وسلوكيات هذا التوجه.
- العناية بالعلاقات الإنسانية بالجامعة، والتأكيد بصفة خاصة على تحسين العلاقات السائدة بين الإداريين والأكاديميين، وذلك من خلال عمل ندوات توعية للإداريين لفهم طبيعة عمل الأكاديميين، وتنظيم لقاءات دورية لتحقيق التوافق والانسجام بينهم.
- تقليل الأعباء الملقاة على عاتق أعضاء هيئة التدريس، بما يمكنهم من المشاركة الفعالة في تحقيق وظائف الجامعة الثلاث : التدريس والبحث العلمي وخدمة المجتمع. وتقترح الدراسة أن يكون الحد الأقصى للساعات التدريسية لعضو هيئة التدريس ثماني ساعات أسبوعيا، الأمر الذي يتيح له التفرغ بعض الوقت لإعداد البحوث والمشاركات الأخرى، كما تقترح الدراسة أيضا أن تقع المشاركة في خدمة المجتمع في نطاق النصاب الذي ينبغي أن يقوم به أعضاء هيئة التدريس.
- تعديل النظام الحالي لإدارة الامتحانات بما يقلل من أعباء أعضاء هيئة التدريس، وذلك من خلال تبسيط الإجراءات والمراحل المتبعة في تنظيم الامتحانات، وتدعيم دور الحاسبات الآلية في هذا المجال.

- تنويع مصادر تمويل التعليم الجامعي، بحيث تشمل :
  - عائدات ما تقوم به الجامعة من خدمات للمجتمع.
  - دعم المؤسسات الإنتاجية الخاصة بالجامعات.
  - استمرار دعم الدولة للتعليم الجامعي.

- توفير الإمكانات اللازمة للعملية التعليمية بالقدر الذي يتناسب مع أعداد الطلاب، ومراعاة المعايير والمقاييس العلمية في إقامة المنشآت الجامعية المختلفة مثل : الإضاءة الكافية، ودرجات الحرارة المناسبة، والابتعاد عن الضوضاء والمساحات المناسبة لقاعات الدراسة في ضوء أعداد الطلاب، والخدمات الصحية، وتوفير معايير الأمن والسلامة.

- تكوين قاعدة بيانات حديثة وشاملة ودقيقة بالجامعة تتضمن المعلومات المتعلقة بجميع عناصر ومجالات التعليم الجامعي، وكذلك المعلومات المتعلقة باحتياجات قطاعات العمل المختلفة بالمجتمع.

- تكوين قاعدة بيانات حديثة وشاملة ودقيقة بالجامعة، تتضمن المعلومات المتعلقة بجميع عناصر ومجالات التعليم الجامعي، وكذلك المعلومات المتعلقة باحتياجات قطاعات العمل المختلفة بالمجتمع.

- استقطاب الكفاءات العلمية المهاجرة من خلال توفير المناخ العلمي المناسب، والإمكانات البحثية، والمرتبات المناسبة، واتخاذ كافة الإجراءات القانونية التي تكفل عودة المبعوثين بعد الانتهاء من دراستهم، ودراسة سبل الإفادة من الكفاءات العلمية المصرية بالخارج، والاستعانة بخبراتهم البحثية في الإشراف على الرسائل العلمية والمشاركة في المؤتمرات، وإجراء البحوث على المستوى المحلي.

– العمل على تطبيق الأساليب الحديثة في مجال الإدارة الجامعية في حـدود ما تسمح به ظروف الواقع التعليمي، ومـن أبـرز هـذه الأسـاليب الإدارة بالمشاركة، وإدارة الجودة الشاملة.

وأخيرا تدعو الدراسة الحالية إلى تحديد أسس ومعايير لتقويم أداء الإدارة الجامعية بصفة دورية، ويمكن الاسترشـاد في ذلك بـالأدوار والمهـام التـي حـددتها الدراسة الحالية، والكشف عن الواقع في ضوء هذه الأسس والمعـايير، وتطـوير أداء الإدارة الجامعية في ضوء نتائج التقويم.

خاتمة الدراسة :

تناولت الدراسة في عرضها السابق أبرز التحديات المعاصرة وهي التحديات العلمية والتكنولوجية، والتحديات الاقتصادية، والتحديات السياسية، والتحديات الثقافية، وحددت الدراسة انعكاسات تلك التحديات على التعليم الجامعي؛ حيث توصلت إلى ضرورة إعادة النظر في عناصر العملية التعليمية بحملتها، سواء المحتوى الدراسي، أو طرائق التدريس، أو الوسائل والتقنيات التعليمية، أو التقويم أو أدوار المعلم الجامعي، أو الإمكانات المتاحة، بحيث تتلاءم هذه العناصر مع التحديات السابقة، ثم حددت الدراسة الأدوار والمهام التي يتعيَّن أن تضطلع بها الإدارة الجامعية في ضوء انعكاسات التحديات المعاصرة على التعليم الجامعي، كما كشفت الدراسة عن أبرز المشكلات التي تعوق الإدارة الجامعية عن التفاعل مع التحديات المعاصرة، وكان من بين هذه المشكلات :

- قصور استقلال الجامعة.
- غياب المناخ الجامعي المناسب.
- قصور بعض القوانين واللوائح المنظمة للعمل الجامعي.
- قصور الهيكل التنظيمي للجامعات المصرية.
- محدودية الموارد المالية وضعف الإمكانات المتاحة.

وبعد ذلك اقترحت الدراسة بعض السبل والإجراءات التي تسهم - في حالة تنفيذها - في التغلب على المشكلات التي تواجه الإدارة الجامعية، وتزيد من تفاعلها مع التحديات المعاصرة.

هذا، وعلى الله قصد السبيل.

هذا الكتاب

يتناول هذا الكتاب ثلاث قضايا ارتبطت بالتحديات المعاصرة ، القضية الأولى وهي الجودة الشاملة وإمكانية تطبيقها في التعليم الجامعي ، وتناول الكاتب في هذه القضية مفهوم الجودة الشاملة وإدارتها ، وأسسها ، وخطوات تطبيقها في التعليم الجامعي .

والقضية الثانية وهي الجامعة المنتجة أحد البدائل لخصخصة التعليم الجامعي ، وفي هذه القضية تم توضيح مبررات خصخصة التعليم الجامعي والآثار السلبية والإيجابية المترتبة عليها ومفهوم الجامعة المنتجة ، وأسسها ، ووظائفها , وتخصصاتها ، ودورها في مواجهة خصخصة التعليم الجامعي .

أما القضية الثالثة وهي أدوار الإدارة الجامعية في ضوء التحديات المعاصرة ، فقد ناقش فيها الكاتب التحديات المعاصرة وانعكاساتها على التعليم الجامعي ، وفي ضوء ذلك اقترح مجموعة من الأدوار التي يتعين على الإدارة الجامعية أن تتطلع بها ، وكذلك حدد بعض المعوقات التي قد تحول دون قيام الإدارة الجامعية بأدوارها ، كما قدم بعض السبل والإجراءات التي تسهم في التغلب على تلك المعوقات .

ولا يسعنا إلا أن نتوجه بالشكر والتقدير والامتنان لدكتورنا الفاضل فتحى عشيبة على هذا المجهود الرائع ، الذى نتمنى أن يجعله الله عز وجل فى ميزان حسناته ، وأن ينفع به كل من يهتم بهذا الأمر ، وأن يثرى به المكتبة العربية .

و الـله ولي التوفيق،،،

الناشر

Printed in the United States
By Bookmasters